Twitter-Jargon

Aller Anfang ist schwer. Wir hoffen, dass die folgende Vokabelliste Ihnen hilft, wenn Ihnen beim Lesen dieses Buchs ein wenig twindelig ... äh, schwindelig wird.

- ✔ **Antwort** – oder Reply, eine direkte Reaktion auf einen Ihrer Tweets. Darin wird Ihr Twittername genannt.

- ✔ **DN** – Abkürzung für *direct message*, eine Direktnachricht, die Twitterer einander schicken können. Voraussetzung ist, dass Sender und Empfänger einander folgen.

- ✔ **Erwähnung** – ein Tweet, in dem Ihr Twittername genannt wird. Vielleicht spricht Sie jemand direkt an, aber vielleicht werden Sie auch nur in einem Tweet an jemand anderen erwähnt.

- ✔ **Fail whale** – manchmal wächst Twitter das alles über den Kopf. Wenn die Server des Unternehmens durchdrehen, erscheint ein Wal auf dem Bildschirm, der von Fischen an Land geschleppt wird, dazu die Meldung »over capacity«. Das kommt vor ...

- ✔ **Follower** – jemand, der sich angemeldet hat, um den Tweets eines anderen zu folgen.

- ✔ **Hashtag** – das Zeichen #. Damit können Twitterer ihrem Tweet eine Art Betreff oder Kategorie zuweisen. Jeder Begriff, vor dem ein # steht, wird automatisch zum Hyperlink. Wird er angeklickt, startet Twitter eine Suche nach dem jeweiligen Begriff.

- ✔ **IRL** – in real life, siehe Tweetup.

✔ **Retweet** – eine weitergeleitete Twitternachricht. Nur sehr selten haben zwei Benutzer genau dieselben Follower. Mittels Retweet kann ein Nutzer eine bestimmte Nachricht mit all seinen Followern teilen.

✔ **Trends** – beliebte Themen auf Twitter. Die zehn am häufigsten genannten Themen werden rechts auf der Twitterseite angezeigt.

✔ **Tweet** – Nachricht auf Twitter, höchstens 140 Zeichen lang.

✔ **Tweetup** – Treffen von Twitterern. Und zwar ein echtes Treffen, zum Beispiel in einer Kneipe. Möglichkeit, Twitterer IRL zu treffen. Bitte wo? IRL: In real life, im echten Leben.

✔ **URL-Verkürzer** – Online-Möglichkeit, lange URLs zu verkürzen. Ein Tweet darf schließlich nur 140 Zeichen lang sein, und das bringt eine URL schnell zusammen. Beispiele für URL-Verkürzer sind `bit.ly`, `goo.gl` oder `tiny.cc`. Siehe Kapitel 6.

Raymond Janssen

Twitter für Dummies

Das Pocketbuch

Übersetzung aus dem Niederländischen von Susanne Bonn

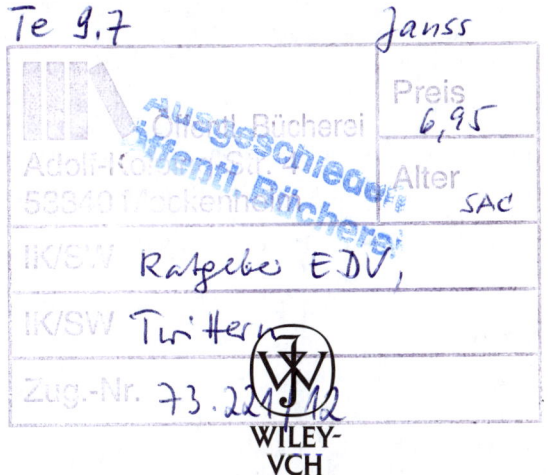

WILEY-
VCH

WILEY-VCH Verlag GmbH & Co. KGaA

Bibliografische Information der Deutschen Nationalbibliothek
Die Deutsche Nationalbibliothek verzeichnet diese Publikation in der
Deutschen Nationalbibliografie; detaillierte bibliografische Daten sind im
Internet über http://dnb.d-nb.de abrufbar.

1. Auflage 2012

© 2012 WILEY-VCH Verlag GmbH & Co. KGaA, Weinheim

Original Dutch language edition De kleine Twitter voor Dummies © 2011
by Pearson Education Benelux bv

Printed in Germany

Gedruckt auf säurefreiem Papier

Korrektur: Geesche Kieckbusch, Hamburg
Satz: Mitterweger und Partner, Plankstadt
Druck und Bindung: CPI – Ebner & Spiegel, Ulm

ISBN: 978-3-527-70812-3

Inhaltsverzeichnis

Einleitung

Wie schön, dass Sie mit dem Gedanken spielen, das Twittern anzufangen. Zumindest gehe ich davon aus, dass Sie beim Kauf dieses Büchleins überlegt haben, ob Twitter nicht doch etwas für Sie ist. Oder vielleicht wollen Sie das Buch jemandem schenken. Auch dann haben Sie sich offenbar gemerkt, dass der Glückliche, der dieses Geschenk von Ihnen bekommt, schon einmal von Twitter gesprochen hat.

Ich habe lange Zeit nicht getwittert. Jahre gingen ins Land, ohne dass Twitter überhaupt existierte, und selbst als es Twitter dann gab, habe ich es lange Zeit nicht genutzt. Das geht. Das geht sogar richtig gut. Seit ich Twitter aber doch verwende, habe ich nicht wieder aufgehört. Es hat meine Art zu arbeiten verändert und mich mit Menschen in Kontakt gebracht, die ich sonst vermutlich nie kennengelernt hätte. Für meine Arbeit als Journalist ist Twitter unverzichtbar geworden. Informationen, Interviewpartner, Themen – all das finde ich auf Twitter.

Wer den Namen Twitter noch nie gehört hat, kommt entweder von einem längeren Aufenthalt auf dem Mond zurück oder hat in den letzten Jahren irgendwo unter einem Stein gehaust. Twitter ist das Thema des Tages. Überall um Sie herum wird getwittert. Ohne dass Sie es merken, werden Twitternachrichten über alle möglichen Themen verschickt. Wie verrückt die Idee auch sein mag, bei Twitter wird schon darüber geschrieben. In höchstens 140 Zeichen. Kurz und knackig also. Wie in diesem Büchlein.

In diesem Buch lesen Sie, wie Twitter funktioniert, was man damit anstellen kann und was daran so lustig ist. Zwischen den Zeilen geht es auch noch um Twittern fürs Geschäft. Mit Absicht zwischen den Zeilen, denn »privat« und »geschäftlich« liegen bei Twitter sehr nah beieinander. Darum will ich Ihnen als frischgebackenem Privat-Twitterer keine Tipps für das geschäftliche Twittern vorenthalten. Man weiß schließlich nie.

Symbole, die in diesem Buch verwendet werden

In diesem Buch werden einige der bekannten »... für Dummies«-Icons verwendet. Sie sollen Ihnen helfen, den Inhalt zu verstehen, oder sie ergänzen etwas Wichtiges.

 Wenn Sie dieses Icon sehen, können Sie einen kleinen Trick erwarten. Also etwas, das ich praktisch finde und von dem ich glaube, dass es Ihnen auch helfen wird.

 Hier und da wird etwas Hintergrundinformation gebraucht. Die finden Sie neben diesem Icon. Dabei geht es vielleicht um Internetverbindungen oder mobile Datennetzwerke. An und für sich kommen Sie ohne diese Informationen aus, aber meistens sind sie doch so interessant, dass sich das Durchlesen lohnt.

 Bei diesem Icon finden Sie Informationen, die Sie unbedingt lesen sollten. Hier geht es nicht nur um Tipps, sondern um die wirklich wichtigen Dinge. Da heißt es aufpassen.

Eine kleine Anmerkung noch vorweg. Bei Twitter gibt es häufig Neuerungen. Es ist möglich, dass Sie nicht alle hier angesprochenen Stellen auf Anhieb finden. Oft werden Funktionen aber lediglich optimiert und die Anwendung erkärt sich von selbst.

Und dann kam Twitter 1

In diesem Kapitel

✔ Was ist Twitter überhaupt?

✔ Was kann man alles damit machen?

✔ Twitter-Heldentaten

Eine kurze Definition von Twitter ist schwierig, die am häufigsten gebrauchte Beschreibung spricht von einem »Mikroblog«. Diese Definition deutet schon an, dass die Nutzer – genau wie beim Bloggen – mitteilen können, was sie im Augenblick beschäftigt. Der Vorsatz »Mikro« hat damit zu tun, dass die Zeichenzahl, die eine Twitter-Nachricht (auch »Tweet« genannt) enthalten darf, begrenzt ist. Wie bei einer SMS darf ein Tweet höchstens 140 Zeichen haben.

Twitter ist auch ein soziales Netzwerk. Die Nutzer müssen sich also anmelden und registrieren, damit sie für andere Twitterer erkennbar sind. Nachdem ein neuer Twitterer ein Profil angelegt hat, hat er die Möglichkeit, mehr über sich selbst zu erzählen und ein Foto hochzuladen, das neben dem frisch angelegten Profil sichtbar wird. Anfänglich drehte sich Twitter um die Beantwortung der Frage: »What are you doing?« Die Kunst bestand darin, in höchstens 140 Zeichen mitzuteilen, womit man gerade beschäftigt war. Die frühere Website von Twitter, die übrigens noch immer eine recht sparsame Grundausstattung aufweist, meldete dann kaum mehr als diese eine Frage. Später änderte sich das, und Twitter fragte jeden Nutzer: »What's happening?« Darauf kann man schon etwas ausführlicher antworten.

Weil Twitter genau wie wer-kennt-wen und Facebook ein soziales Netzwerk ist, geht es auch hier darum, eine Gruppe von Menschen um sich zu versammeln. Twitterer können mit diesem Ziel anderen Twitterern »folgen«. Sobald ein Twitterer einem anderen folgt, erscheinen die Tweets des zweiten in der Timeline, der Zeitleiste, des ersten.

 Twitter ist ausdrücklich keine Einbahnstraße. Das bedeutet, dass auch andere Twitterer Ihren Tweets folgen können. Auf die Art und Weise bleiben Sie auf dem Laufenden über die Aktivitäten anderer. Kurz zusammengefasst liegt Twitter also genau in der Mitte zwischen Instant Messaging und bloggen.

Entstehung

Twitter ist relativ neu. Erst 2006 wurde dieser Dienst von Obvious Corp., einem ebenfalls recht neuen Unternehmen aus San Francisco, gegründet. Der Erfolg von Twitter zeigte sich sofort deutlich, als das Unternehmen 2007 beim South by Southwest Festival, das sich unter anderem mit interaktiven Medien beschäftigt, mit einem wichtigen Preis ausgezeichnet wurde. Seit diesem Zeitpunkt wuchs Twitter rasend schnell. Das Unternehmen war dem Festival mehr als dankbar und twitterte im Anschluss: »We'd like to thank you in 140 characters or less. And we just did!« Bitte nachzählen.

Während Twitter anfangs verwendet wurde, um anscheinend alltägliche Mitteilungen weiterzugeben, zeigte sich schnell, dass der Dienst auch für ernsthaftere Sachen verwendet werden konnte. So erinnert man sich im Zusammenhang mit dem Turkish-Airlines-Flug TK1951 vor allem daran, dass noch nie ein Flugzeugunglück so schnell bekannt wurde wie dieses. Im Februar 2009 stürzte das Flugzeug mit 135 Passagieren in der Nähe des Flughafens Schiphol ab. Neun Passagiere überlebten den Absturz nicht. Autofahrer auf der nahe gelegenen Autobahn sahen das Flugzeug in Schwierigkeiten kommen und meldeten die Katastrophe über Twitter. Noch bevor der erste Reporter zur Stelle war, standen schon Fotos und Videos von dem Unglück im Internet. Etwa ein halbes Jahr später meldeten die »Twitterazzi« Unregelmäßigkeiten bei den Präsidentschaftswahlen im Iran, während die Journalisten zu diesem Zeitpunkt noch nicht darüber berichten konnten. Aber wir brauchen gar nicht in die Ferne zu schweifen: Als Horst Köhler 2009 zum zweiten Mal zum deutschen Bundespräsidenten gewählt wurde, teilten mehrere Abgeordnete das Ergebnis eine Viertelstunde vor der offiziellen Bekanntgabe auf Twitter mit. Bei der Präsidentenwahl nach Köhlers Rücktritt 2010 wurde ein Twitter-Verbot ausgegeben.

Medien

Auch diverse traditionelle Medien haben Twitter inzwischen aufgegriffen. Nicht nur einzelne Journalisten nutzen Twitter, auch Zeitungen, Zeitschriften, Radio- und Fernsehsender kommunizieren heutzutage über Twitter direkt mit ihren Lesern, Zuschauern und Zuhörern. Gerade bei nächtelangen Krisensitzungen können anwesende Journalisten direkt berichten, obwohl keine Nachrichtensendungen mehr anstehen. Auch bei anderen kritischen Ereignissen wie Geiselnahmen, Großbränden oder Ähnlichem ist eine schnelle Berichterstattung auf diesem Weg spannend.

Verschiedene Politiker haben Twitter als Möglichkeit entdeckt, auf Stimmenfang zu gehen (siehe Abbildung 1.1). Im Zusammenhang mit den jüngsten Landtagswahlen haben diverse Politiker lautstark über Twitter auf sich aufmerksam gemacht. Auch Spitzenpolitiker im Bundestag und Kandidaten für die nächsten Wahlen lassen auf elektronischem Weg von sich hören. Es gab sogar im Vorfeld von Wahlen schon Twitter-Debatten zwischen möglichen Kandidaten und ihren Wählern. Dabei traten Journalisten als Moderatoren auf, die Fragen und Aussagen von Bürgern an einen oder mehrere Politiker weiterleiteten. Diese reagierten dann auf diese Mitteilungen und auf die Antworten ihrer Kollegen.

Abbildung 1.1: Nicht nur, aber vor allem die Piraten-Partei nutzt Twitter für den Wahlkampf.

Geschäftlich twittern

Auch viele große Unternehmen kommunizieren mit ihren Kunden ausgiebig über Twitter. Für so ziemlich jedes Markenprodukt wurde inzwischen ein Twitter-Account angelegt. Der Ansatz der Unternehmen ist allerdings unterschiedlich. Für kleine und mittlere Unternehmen gibt es bei Twitter Möglichkeiten, effektiv auf sich aufmerksam zu machen. Auch ohne teure Werbekampagne können kleinere Betriebe auf Social-Media-Websites ihren Namen bekannt machen. Denn trotz der großen Unterschiede zwischen der Kommunikation mit Kunden im echten Leben und auf Twitter gibt es doch auch auffällig viele Übereinstimmungen. Darum ist es letzten Endes gar nicht so schwierig, Twitter im kleinen oder mittleren Unternehmen einzusetzen. Die Kunden und ihre Wünsche zu kennen, ist sehr nützlich, auch beim Entwickeln einer Twitter-Strategie.

Twitter-Heldentaten

✔ **Hurrikan Irene.** Nicht nur private Twitterer und Journalisten verfolgten im August 2011 die Route des Wirbelsturms von der Karibik an die Ostküste der USA. Auch das National Hurricane Center nutzte Twitter, um Vorhersagen und Warnungen so weit wie möglich zu verbreiten.

✔ **Reaktorkatastrophe in Fukushima.** Im März 2011, kurz nach der Reaktorkatastrophe in Fukushima, eröffnete der Betreiber des havarierten Atomkraftwerks, TEPCO, einen Twitter-Account. Bis dahin hatte das Unternehmen nicht gerade mit einer offenen Informationspolitik

geglänzt. Der japanische Ministerpräsident begann auf
Englisch zu twittern, um vor aller Welt Transparenz zu
zeigen.

✔ **Rixos-Hotel in Tripolis.** Während der Kämpfe zwischen
Gaddafi-Truppen und Rebellen in Tripolis im August
2011 war eine größere Gruppe von Journalisten im
Hotel Rixos eingeschlossen. Unter anderem hielt CNN-
Reporter Matthew Chance die Außenwelt über Twitter
auf dem Laufenden.

Gezwitscher im Raum 2

Vielleicht wollen Sie privat twittern. Aber es könnte natürlich auch sein, dass Sie darüber nachdenken, mit Ihrem Unternehmen oder Ihrer Abteilung den Schritt zu Twitter zu wagen. In beiden Fällen ist es nützlich, Twitter erst einmal gründlich kennenzulernen.

Twitter ist in erster Linie nichts anderes als eine Website. Auf dieser Site können Sie ein Profil anlegen. Um einen guten Start mit Twitter hinzulegen, ist es ratsam, vorher ein paar Dinge festzuhalten. Bevor jemand ein Unternehmen gründet, überlegt er selbstverständlich, wie sein »Corporate Design«, sein Logo aussehen soll, in welchen Farben das Betriebsgebäude eingerichtet wird, in welchen Zeitungen oder Zeitschriften Anzeigen geschaltet werden. Außerdem wird nicht selten kräftig in den Druck von passendem Briefpapier, Visitenkarten, Verpackungsmaterial und dergleichen mehr investiert. Auch Leuchtreklame am Gebäude oder Beschriftungen für das Auto werden gründlich bedacht, ehe man anfängt, dafür Geld auszugeben.

Strategie

Eigentlich sollte die gesamte Internetkommunikation einheitlich aussehen. Heutzutage ist es immerhin häufig so, dass Websites komplett im Corporate Design des Unternehmens gestaltet werden, aber leider hört die Internetstrategie damit oft schon auf. Das ist schade, denn ein einheitlicher Auftritt nach außen ist für Unternehmen von Bedeutung.

Twittername

Wenn Unternehmen beschließen, sich bei Twitter anzumelden, besteht der erste Schritt darin, einen guten Twitternamen zu finden. Ein Twittername gehört zur Internetseite eines jeden Nutzers. Mein Twittername ist mein Vor- und Zuname zusammengeschrieben. Dazu gehört die Internetadresse (oder URL) www.twitter.com/RaymondJanssen. Das ist klar und einfach. Alles, was ich über Social Media schreibe, erscheint auf meiner Website www.werkenmetsocialmedia.nl. Dafür habe ich ein separates Twitterkonto angelegt. Weil ein Twittername höchstens sechzehn Zeichen haben darf, habe ich beschlossen, für diese Site unter dem Namen »@socmedtrainer« zu twittern. Das Wortbild ist klar, man liest ohne Probleme den Begriff »Social Media Trainer«. Es empfiehlt sich also, über solche Dinge vorher nachzudenken. Der Holzfachhandel Zimmermann könnte im Internet zum Beispiel unter www.holzfachhandelzimmermann.de auftreten, für einen Twitternamen ist das aber zu lang. Der Familienname allein – hier also Zimmermann – wird vermutlich nicht sofort mit dem Unternehmen in Verbindung gebracht. Deshalb kann man sich einen anderen Namen ausdenken, der auch den geschäftlichen Aspekt abdeckt. Möglichkeiten wären zum Beispiel www.twitter.com/umbau oder www.twitter.com/zimmerei.

Wenn man über einen Twitternamen nachdenkt, ist es nicht nur wichtig, wie man als Unternehmer nach außen auftreten will. Eine mindestens ebenso große Rolle spielt die Frage, wie potenzielle Kunden im Internet nach einem bestimmten Betrieb suchen. Eine Zeitarbeitsfirma kommt zum Beispiel schnell auf Begriffe wie »Personal«, während Arbeitsuchende, die es mit Zeitarbeit versuchen wollen, eher an »Arbeit« oder »Karriere« denken.

Die ersten Schritte

Ist Ihr Interesse geweckt? Sind Sie neugierig genug, um einmal einen Blick in die Welt zu werfen, die Twitter heißt? Dann besteht der erste Schritt natürlich darin, auf Twitter ein Konto, auch Account genannt, anzulegen.

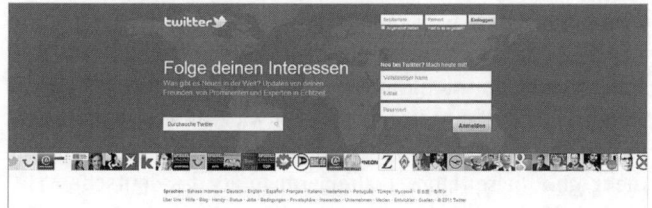

Abbildung 2.1: Die Homepage von Twitter

Rufen Sie dazu die Seite www.twitter.com auf. Die Begrüßungsseite von Twitter zeigt schon ein bisschen, worum es geht (siehe Abbildung 2.1). Twitter lässt sich recht gut durchsuchen, insbesondere weil Suchmaschinengiganten wie Google seit einiger Zeit auch Tweets (Twitternachrichten) bei den Suchergebnissen aufführen. Dazu kommen die Trends, also Themen, die auf Twitter besonders beliebt sind. Das kann in der Tat alles sein. Von Naturkatastrophen bis zu Sportereignissen, vom Popkonzert zum politischen Umsturz: Twitterer twittern über alles, was ihnen in die Quere kommt. Ich habe an diesem Kapitel am Tag nach den niederländischen Parlamentswahlen gearbeitet. Da waren Geert Wilders und die VVD »Trends«. Diese beliebten Gesprächsthemen werden mit einem Hashtag versehen. Indem man das Zeichen # vor einen bestimmten Begriff setzt, wird er für die Twitter-interne Suchmaschine auffindbar.

>»Gibt's noch ne Medaille oder nicht? #Daegu2011 #IAAF #heptathlon«

Dieser Tweet kann auf drei Wegen gefunden werden. Die drei Hashtags am Ende der Nachricht bilden die Suchkriterien. Wenn man auf einen der drei klickt, erscheint eine Twitterseite mit allen Tweets, die eben diesen Begriff enthalten. Das ist praktisch, weil man auf diese Weise auch Tweets von Menschen lesen kann, denen man nicht folgt, die sich aber auch für Leichtathletik interessieren. Das Festlegen der richtigen Begriffe ist eine organische Entwicklung. »#heptathlon« fördert bei einer internationalen Veranstaltung wie dieser mehr und vielseitigere Treffer zutage als das deutsche »Siebenkampf«.

Ein Konto anlegen

Noch haben Sie keinen eigenen Account, aber wenn Sie demnächst Ihr Konto anlegen, erscheinen die Trends immer auf dem Bildschirm. Wie schon erwähnt, kann das alles Mögliche sein. Jungstar Justin Bieber war wochenlang »Trend«

auf Twitter, aber auch die ohrenbetäubende WM-Fantrompete Vuvuzela beschäftigte die Twitterer nachhaltig. Außerdem wird eine kleine Übersicht bekannter Zeitgenossen gezeigt, die auf Twitter vertreten sind. Ebenso werden größere Zeitungen, Radio- oder Fernsehsender den neuen Nutzern vorgestellt.

Gleich auf der Startseite werden Sie gefragt: NEU BEI TWITTER? MACH HEUTE MIT! Direkt darunter können Sie die nötigen Daten eingeben. Nachdem Sie Ihren VOLLSTÄNDIGEN NAMEN, E-MAIL-ADRESSE und ein PASSWORT angegeben haben, gelangen Sie weiter zur Eintragung des Twitternamens, den ich am Anfang des Kapitels besprochen habe (siehe Abbildung 2.2). Überlegen Sie also, wie Sie auf Twitter wahrgenommen werden wollen. Der Name, für den Sie sich entscheiden, erscheint in Zukunft vor all Ihren Tweets und ist somit der Name, mit dem Sie Ihr Privat- oder Unternehmenskonto nach außen vertreten. Wenn Sie das Feld ausgefüllt haben, kontrolliert das System, ob der von Ihnen gewünschte Twittername noch verfügbar ist. Wenn nicht, bittet Twitter Sie, sich einen

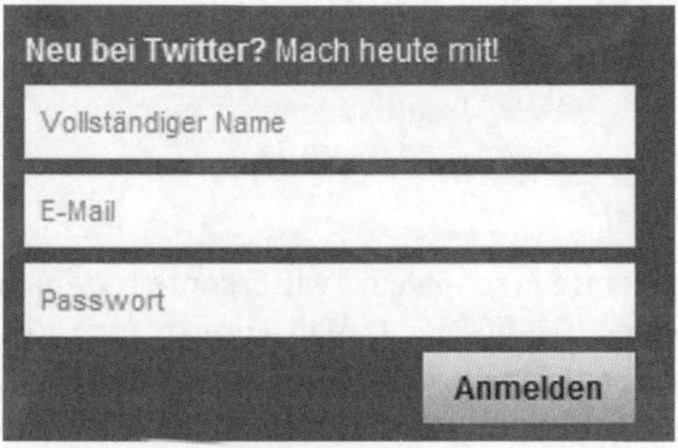

Abbildung 2.2: Anmelden bei Twitter

neuen Twitternamen zu überlegen. Wählen Sie dann ein Passwort.

Es klingt wirklich selbstverständlich, aber ein gutes Passwort ist wichtig. Vor Kurzem erst haben Untersuchungen gezeigt, dass eine erschreckend hohe Anzahl von Internetnutzern unsichere Passwörter haben. Passwörter wie »1234 5678«, »8765 4321« oder »Passwort« kommen unangenehm häufig vor. Ein gutes Passwort besteht aus Ziffern und Buchstaben, am besten noch ergänzt durch Sonderzeichen.

Eine praktische Eselsbrücke zum Entwickeln und Merken eines guten Passworts besteht darin, sich einen Satz auszudenken, von dem man sich jeweils den ersten Buchstaben merkt.

Beispiel: Werde ich dieses Jahr 41 oder 42 Jahre alt? Nimmt man davon die ersten Buchstaben, ergibt das »WidJ41o42Ja?«, was garantiert ein sicheres Passwort ist.

Im Netz finden sich einige Seiten mit Passwort-Generatoren, zum Beispiel `passwortgenerator.org`. Sehr praktisch!

Fast am Ziel

Achtung: Wenn Sie schon ein Twitterkonto haben, protestiert Twitter, wenn Sie dieselbe E-Mail-Adresse auch für das neue Konto angeben. Eine E-Mail-Adresse wird nur einmal akzeptiert. Legen Sie also für Ihren geschäftlichen Twitter-Account eine neue E-Mail-Adresse an.

Sie sind jetzt nicht mehr weit von einem neuen Twitterkonto entfernt. Das Interface von Twitter führt Sie weiter zum Ziel (siehe Abbildung 2.3). Im untersten Feld müssen Sie jetzt noch den Twitternamen eingeben, den Sie sich eben überlegt haben.

Wenn Sie anschließend auf MEIN KONTO ERSTELLEN klicken, sind Sie Twitterer!

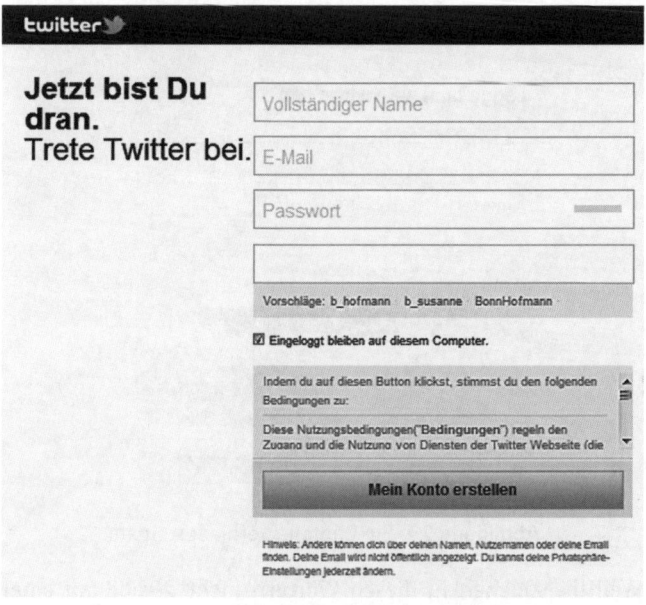

Abbildung 2.3: Geben Sie Ihre Daten ein

Spam ist noch immer ein lästiges, aber kaum vermeidbares Phänomen im Internet. Auch bei Twitter entkommt man ihm nicht. Dieser unerwünschte Internetverkehr ist schwer zu bannen, aber selbstverständlich geben sich alle Parteien im Netz die größte Mühe, solche ärgerlichen E-Mails zu vermeiden. Zum Glück gibt es Gegenmittel. Eine Methode, unerwünschte E-Mails abzuwehren, sind Captchas. Dieses Kunstwort steht für »Completely automated public Turing-test to tell computers and humans apart«.

Abbildung 2.4: Ein Captcha verhindert Spam.

Weil die Zeichen in diesen Wörtern nicht gerade auf einer Reihe stehen, unterschiedliche Abmessungen haben und (oft) vor einem ungleichmäßigen Hintergrund abgebildet werden, sind sie für Computer schwer zu erkennen. Dadurch wird die automatische Verarbeitung der Daten praktisch unmöglich und das Verschicken von Spam schwieriger.

Ihr Konto personalisieren

Sie haben nun ein schickes Twitterkonto, aber damit ist es noch nicht getan. Ihre Twitterseite sieht noch ziemlich kahl aus, und von Aktivität kann keine Rede sein. Sie könnten damit beginnen, Ihr Konto nach Möglichkeit zu personalisieren. Niemand – außer vielleicht ein paar einfallsreichen Spammern – wird Ihr Konto in diesem Zustand finden, interessante oder lukrative Kontakte lassen sich darauf nicht aufbauen. Sie müssen sich Ihr Konto jetzt vollständig zu eigen machen. Dazu schauen wir uns die Menüs auf Ihrer Seite im Einzelnen an.

Startseite

Die erste Option, die Sie auf Ihrer Twitterseite finden, heißt STARTSEITE. Wenn Sie darauf klicken, erscheinen die Tweets aller Twitterer, denen Sie folgen. Dort steht jetzt allerdings noch nichts. Ein langweiliges, leeres Fenster starrt Sie an. Der zweite Link, PROFIL, führt Sie auf Ihre Profilseite, wo demnächst all Ihre Twitternachrichten aufgeführt werden. Auch hier ist es zurzeit noch auffallend ruhig. WEM FOLGEN ist ein weiterer Link in Ihrem Twitter-Menü. Wenn Sie darauf klicken, erscheinen drei Tabs, die Sie auch schon beim Anlegen Ihres Kontos gesehen haben. Dort gehen Sie demnächst auf die Suche nach Freunden, Bekannten, Kunden, Konkurrenten und allen anderen Twitterern, denen Sie gern folgen würden. Im Moment sollten Sie aber zunächst Ihr Profil bearbeiten.

Profil bearbeiten

Die Seite PROFIL ist das Epizentrum Ihres Twitterkontos. Dort füllen Sie nämlich aus, unter welchem Namen Sie auf Twitter bekannt werden möchten, wie Sie von anderen Twitterern gefunden werden wollen und noch andere wichtige Dinge. Sie finden diese Seite, wenn Sie in PROFIL auf den Link EDIT YOUR PROFILE klicken. Dort finden Sie weitere Menü-Optionen (siehe Abbildung 2.5).

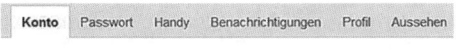

Abbildung 2.5: Einige Menü-Optionen bei Twitter

Konto

Hier füllen Sie die Zugangsdaten für Ihr Twitterkonto aus: Ihren Benutzernamen, die E-Mail-Adresse, die zu Ihrem Twitterkonto gehört, die Sprache, in der Sie Twitter benutzen, und die Zeitzone, in der Sie sich aufhalten. Die Option TWEET STANDORT hängt mit der Möglichkeit zusammen, in Ihren Twitternachrichten anzugeben, wo Sie sich gerade befinden. Darüber später mehr, wenn das Thema »Mobil twittern« an die Reihe kommt.

Als Letztes folgen noch Einstellungen zur Privatsphäre.

Privatsphäre im Internet ist ein heißes Thema. Täglich liest man Artikel darüber, wie wichtig es ist zu wissen, was wir alles von uns im Internet preisgeben. Vor allem bei Websites wie wer-kennt-wen oder Facebook sollten Sie darauf achten, nicht zu viele Informationen zu verbreiten. Auch auf Twitter ist es möglich, Ihr Konto zu schützen. Damit ist es für andere Twitterer unmöglich, Ihren Tweets zu folgen, wenn Sie dem nicht ausdrücklich zugestimmt haben. Sie werden dann erst per E-Mail benachrichtigt, dass Ihnen jemand folgen möchte. Daraufhin entscheiden Sie, ob Sie dieser Person Zugang zu Ihren Tweets gewähren oder nicht.

Das klingt alles recht selbstverständlich. Trotzdem bin ich der Meinung, dass es nicht immer gut ist, Ihr Twitterkonto »abzuschließen«. Natürlich sind Situationen denkbar, in denen es nicht wünschenswert ist, dass bestimmte Personen Ihre Tweets lesen. Aber Twitter ist doch in erster Linie ein Spiel auf Gegenseitigkeit. Im Gegensatz zu wer-kennt-wen oder Facebook, wo die Beziehung zueinander im Mittelpunkt steht, ist Twitter ein Medium, bei dem nicht notwendigerweise einer dem anderen »wiederfolgt«. Wenn Sie Ihrem Lieblingsfußballer auf Twitter folgen, tun Sie das, um zu sehen, wie der Spieler seine Zeit verbringt und was er von den Spielen seiner Mannschaft hält. Der betreffende Spieler hat streng genommen keinen Grund, Ihnen ebenfalls zu folgen, es sei denn, er kennt Sie bereits persönlich. Wenn der Spieler sein Konto geschützt hätte und von Ihnen eine E-Mail bekäme mit der Bitte, ihm folgen zu dürfen, sähe er vielleicht auf den ersten Blick keinen Grund, Sie als Follower zu akzeptieren. Dann könnten Sie seine Tweets nicht lesen.

Obwohl Sie vermutlich kein Spitzensportler sind, können Sie dennoch nicht wissen, warum jemand Ihnen oder Ihrem Unternehmen auf Twitter folgen will. Vielleicht machen Sie es einem potenziellen Kunden unnötig schwer, Sie über Twitter zu kontaktieren, wenn Sie Ihr Konto schützen. Es kann Sie interessante Kontakte kosten. Tun Sie es also besser nicht.

Passwort

Die Option PASSWORT ist selbsterklärend. Hier verändern Sie, wenn Sie möchten, Ihr Passwort, um Zugang zu Ihrem Twitterkonto zu erhalten.

Handy/Mobiltelefon

In bestimmten Ländern ist es möglich, Twitternachrichten als SMS zu verschicken. Im deutschsprachigen Raum erfordert das zurzeit noch einige Umwege (siehe Kapitel 7).

Benachrichtigungen

Hier können Sie einstellen, von welchen Aktivitäten auf Ihrem Twitterkonto Sie benachrichtigt werden möchten. Sie können zum Beispiel eine E-Mail erhalten, wenn Sie einen neuen Follower haben oder wenn Ihnen jemand eine Direktnachricht geschickt hat. Außerdem können Sie sich hier für einen Twitter-Newsletter anmelden.

Profil

Der Reiter PROFIL bezeichnet einen wichtigen Teil Ihres Twitterkontos. Sie können hier ein Foto von sich hochladen. Wenn Sie ein Unternehmenskonto betreiben, wäre es allerdings logischer, das Logo Ihres Unternehmens zu verwenden. Aber auch ein aussagekräftiges Produktfoto wäre eine Möglichkeit. Geben Sie hier Ihren Namen bzw. den Ihres Unternehmens ein, vor allem, wenn er von Ihrem Twitternamen abweicht. Auf diese Art ist es leichter, Sie zu finden. Geben Sie auch Ihren Standort an. Das ist wichtig, weil zum Beispiel der Verzeichnisdienst Tweepguide Ihr Konto nur dann übernehmen kann, wenn Sie einen Standort angegeben haben. Lesen Sie dazu Kapitel 5. Dass Sie auch die URL Ihrer Website angeben, ist selbstverständlich. Die Bio ist vielleicht der wichtigste Teil dieser Seite. Hier können Sie in maximal 160 Zeichen etwas über sich oder Ihr Unternehmen mitteilen. Tun Sie das in Stichworten, für vollständige Sätze haben Sie keinen Platz. Die Stichwörter, die Sie hier angeben, sind auch wichtige Kriterien für die bereits erwähnten Online-Verzeichnisse. Denken Sie also gründlich darüber nach und versuchen Sie – wie schon vorgeschlagen –, sich in die Lage des Kunden zu versetzen. Wie würde er Sie suchen?

Wenn Sie alle Einstellungen ausgefüllt haben, klicken Sie auf SPEICHERN, um – ja, genau.

Aussehen

Unter dem Reiter AUSSEHEN haben Sie die Möglichkeit, auch das Design Ihrer Twitterseite Ihren Wünschen anzupassen. Ein Blick auf die Seite zeigt schon, dass Sie ein Standarddesign wählen können. Twitter bietet etwa zwanzig allgemeine Bilder an, die Sie als Hintergrund verwenden können. Damit können Sie sich natürlich kaum von anderen abheben. Wenn Sie auf HINTERGRUNDBILD ÄNDERN klicken, können Sie einen selbst gestalteten Hintergrund hochladen. Das ist letztendlich zu empfehlen. Nur so können Sie Ihren Followern Ihr Corporate Design, Ihr Produktdesign und die gewünschte Atmosphäre vorsetzen. Im Internet sind unzählige Standardvorlagen zu finden, die Sie mit einem Programm wie Photoshop leicht mit eigenem Artwork versehen können. Das klingt vielleicht etwas kompliziert, aber es lässt sich machen. Sie müssen kein Grafikdesigner sein, um eine Standarddatei entsprechend zu bearbeiten.

Auf diversen Websites gibt es nicht nur Tipps für die Gestaltung eines ansprechenden Twitterhintergrunds, sondern auch Vorlagen zum Download. Diese lassen sich z. B. mit Photoshop, aber auch PowerPoint oder entsprechenden Mac-Programmen bearbeiten. Mit etwas Geschick können Sie die Farbgebung Ihrem Corporate Design anpassen. Wenn Sie den Hintergrund nach Ihren Wünschen gestaltet haben, können Sie ihn speichern und als JPEG-Datei auf Ihre Twitterseite laden.

Zum Schluss

In diesem Kapitel haben Sie gelernt, bei Twitter die richtigen Knöpfe zu drücken. Sie wissen jetzt, was alles dazugehört, eine Twitterseite anzulegen. Sie haben außerdem einen Überblick, wofür die verschiedenen Teilbereiche gut sind. Jetzt geht es darum, diese Seite dem Rest der Twitterwelt zu zeigen, es geht um folgen und verfolgt werden. Was alles dazugehört, lesen Sie im folgenden Kapitel. Vor allem die Dinge, die speziell mit geschäftlichen Twitterseiten zu tun haben, werden in den beiden nächsten Kapiteln aufgeführt.

Es ist so weit: Sie haben Ihr eigenes Twitterkonto angelegt. Sie haben sich einen Namen ausgedacht, die nötigen Informationen in der Bio angegeben, also steht einem sorglosen Twitter-Leben nichts mehr im Weg. Es ist Zeit für den ersten Tweet!

Keine Sorge. Das klingt jetzt vielleicht so, als ob die ganze Twitter-Gemeinde gespannt vor ihren Bildschirmen sitzt und darauf wartet, welche Worte Sie als Erstes der großen weiten Welt verkünden. Doch dem ist nicht so. Weil Ihnen zu Beginn Ihrer Twitter-Karriere noch keine Hundertschaften anderer folgen, werden Ihre ersten Worte auf Twitter weitgehend ungehört verhallen. Außerdem wird es niemanden stören, wenn einmal ein Tweet vorbeikommt mit dem Inhalt: Test, Probiere gerade Twitter aus oder Wie funktioniert das jetzt genau? Hinzu kommt, dass Ihnen niemand vorschreibt, was geht und was nicht. Sie tun, worauf Sie Lust haben, darum hat sich sonst niemand zu kümmern. Kein Grund für Druck, Spannung oder Lampenfieber!

Twittiquette

Gibt es etwa gar keine Regeln? Doch, natürlich. Ziemlich bald, nachdem Twitter so populär wurde, entstand die Twittiquette, die Anstandsregeln für Twitter. Das klingt recht offiziell, aber mit gesundem Menschenverstand wird vermutlich jeder in etwa auf dieselben Richtlinien kommen. Twitter unterscheidet sich nicht so sehr vom echten Leben, wie manche glauben.

Also bitte:

✔ Nicht schreien

✔ Nicht chatten

✔ Twitter ist öffentlich

✔ Vorsicht beim Retweeten

✔ Genießen Sie Twitter in Maßen

✔ Twitter ist keine Werbefläche

Nicht schreien

Im Café finden Sie es auch nicht lustig, wenn jemand aus vollem Hals auf einen anderen einbrüllt. Im Internet entspricht das Schreiben IN GROSSBUCHSTABEN dem Schreien. Tun Sie das also nicht. Das stört und führt garantiert dazu, dass Leute Sie entfolgen.

Nicht chatten

»@PeterH: Wie geht's, @MariellaK?«

»@MariellaK: Määh, könnte besser sein. War bissl spät gestern. Und du …?«

»@PeterH: Ach, Kinder sind krank …«

Wird Twitter als Chat-Dienst verwendet, empfinden das manche Nutzer als störend. Wenn zwei Twitterer mit @-Erwähnungen hin und her reagieren, entsteht eine Art Dialog, der besser auf MSN oder Skype aufgehoben wäre. Wahrscheinlich warten nur wenige Follower gespannt auf die neuesten Details aus Ihrem Familienalltag. Verboten ist das natürlich nicht. Wenn dabei kein Dialog über zig Zeilen entsteht, hält sich der Schaden in Grenzen. Wer allerdings über Twitter tatsächlich umfassende Gespräche führt, muss damit rechnen, darauf angesprochen zu werden.

 Es kann natürlich auch amüsant sein, einem Dialog auf Twitter zu folgen. Wenn bekannte Personen der Zeitgeschichte ihre Meinungsverschiedenheiten vor Hunderten, mitunter Tausenden von Followern austragen, kann das sogar Nachrichtenwert haben.

Twitter ist öffentlich

Vergessen Sie nicht, dass die ganze Welt zuschauen kann, wenn Sie auf Twitter aktiv sind. Achten Sie deshalb darauf, welche Art Tweets Sie in die Welt hinausschicken. Vergleichen Sie auch hier wieder, was Sie im echten Leben tun würden. Wenn Sie bei einem Spaziergang in Meinungsverschiedenheiten mit Ihrem Partner geraten, werden Sie kaum eine lautstarke Diskussion beginnen. Das ist schließlich peinlich, und Ihr Wortwechsel geht niemanden etwas an. Auch auf Twitter hat niemand etwas davon, wenn Sie Ihre tiefsten Gefühle für jemanden oder etwas enthüllen.

Ebenso kommen Tweets, die von anderen als beleidigend empfunden werden, bei Ihren Followern nicht gut an. Daher noch einmal der Rat: Was Sie im echten Leben nicht tun würden, sollten Sie auch auf Twitter unterlassen.

Das ist allerdings relativ. Einmal habe ich meinen Sohn über Twitter darauf hingewiesen, dass er vielleicht besser seine Hausaufgaben machen sollte, statt zu twittern. Das war nun eine Bemerkung, die auf Twitter eigentlich nichts zu suchen hat. Dennoch twitterte jemand weiter, wie hübsch er es fand, diesen Dialog zwischen Vater und Sohn zu beobachten. Merken Sie sich trotzdem, dass Ihre tiefsten Seelenregungen auf Twitter auch von Menschen gelesen werden können, die das überhaupt nichts angeht.

 Please rob me! Leute, die auf den Geschmack von Twitter gekommen sind, übertreiben mitunter ein wenig und vergessen, dass sich auch dort – genau wie im echten Leben – Leute mit bösen Absichten herumtreiben und ihre Tweets lesen. Nehmen wir an, Sie hätten über Twitter mitgeteilt, wo Sie wohnen (zum Beispiel über Foursquare, siehe Kapitel 7), und twittern nun einige Zeit später, dass Sie es kaum noch erwarten können, am Montag endlich in den Flieger nach Spanien zu steigen – eine einfache Rechnung für Einbrecher. Vermeiden Sie es, die Herrschaften über Twitter geradezu einzuladen. Durch »Oversharing« machen Sie es dieser Zielgruppe einfach zu leicht.

Denken Sie also logisch nach, bevor Sie übers Wochenende wegfahren. Es macht zwar Spaß, aus dem Urlaub Ihr schönstes Ferienerlebnis zu twittern, seien Sie sich dabei aber auch der Risiken bewusst, die das mit sich bringt. Und schließen Sie zu Hause sorgfältig ab!

Auf der englischsprachigen Website `pleaserobme.com` erfahren Sie mehr über dieses Thema.

Vorsicht beim Retweeten

Eins der herausragenden Merkmale von Twitter ist das Retweeten, die Möglichkeit, den Tweet eines anderen mit den eigenen Followern zu teilen. In Twitter selbst erscheint ein RETWEET-Button, sobald man die Maus rechts unten in einem Tweet bewegt (siehe Abbildung 3.1). Wenn Sie diesen Button anklicken, wird genau dieselbe Nachricht noch einmal verschickt, und zwar an Ihre Follower. Ihnen folgen schließlich andere Twitterer als demjenigen, der den Original-Tweet verschickte. Dadurch wird eine bestimmte Nachricht unter ein noch größeres Publikum gebracht.

Abbildung 3.1: Der RETWEET-Button erscheint, sobald man mit der Maus darüberfährt.

Damit ist der Retweet ein sehr mächtiges Werkzeug. Sehr konkrete Bitten (die Suche nach einer Wohnung in einer bestimmten Stadt oder nach einem Partner, der Geschäftsräume teilt) kann man auch mit »Please RT« versehen. Das könnte eine Nachricht sein wie:

»AlissaG sucht eine preiswerte Mietwohnung in Berlin. Please RT«

Diese Mitteilung kann innerhalb kurzer Zeit mehrere Male retweetet und so das Wohnungsproblem von @AlissaG vielleicht in ein paar Minuten behoben werden.

Auch eilige Nachrichten, meist mit dem amerikanischen Schlagwort »Breaking« eingeleitet, werden oft retweetet. Gehen Sie damit sparsam um. Es lässt sich schwer verhindern, dass wirklich wichtige Dinge häufig retweetet werden. Trotzdem ist es oft sinnvoller, einmal deutlich auf einen Twitterer oder eine Nachrichtenredaktion zu verweisen, die die Neuigkeit bringt, als ein und dieselbe Sache immer weiter zu retweeten. Irgendwann reicht es.

Twitter in Maßen genießen

Zu viel ist nie gut. Achten Sie deshalb darauf, dass Ihre Begeisterung für das Twittern nicht überhandnimmt und Sie allein das Wort führen. Wir kennen alle diesen gemütlichen Onkel, der uns bei jeder Familienfeier auf die Nerven geht, weil er wieder einmal ausschweifend aus seinem Leben berichtet und kein Ende findet. Auch Twitterer warten nicht voller Spannung auf einen endlosen Strom Tweets aus derselben Quelle, selbst wenn diese interessant sind.

Live Blogs

Anders liegt der Fall, wenn Sie live bloggen. Nehmen wir an, Sie sind Zeuge eines Unfalls geworden. Dann können Sie Twitter als eine Art Nachrichtensender verwenden. Vor allem Journalisten arbeiten gern so mit Twitter, aber sie haben keineswegs ein Monopol auf diese schnelle Art der Berichterstattung. Die Macht von Twitter beruht vielmehr darauf, dass jeder zufällig in der Nähe sein kann, wenn etwas Aufsehenerregendes geschieht.

Angenommen, Sie sind auf einer Messe, wo ein spezielles neues Produkt angekündigt wird, von dem Ihre Follower oder Ihre Kunden (falls Sie geschäftlich twittern) unbedingt erfahren müssen. Sie können dann während der Präsentation Ihren Followern die Kenndaten des neuen Produkts mitteilen. Damit geben Sie Ihren Followern die Möglichkeit, mit Ihnen zusammen die Präsentation zu verfolgen. Es lohnt sich in diesem Fall, kurz mitzuteilen, dass Sie live berichten wollen, dann wissen Ihre Follower, warum mit einem Mal eine solche Menge Tweets von Ihnen vorbeikommt. Außerdem ist es nützlich, die Tweets mit einem Hashtag von der Messe zu versehen, auf der Sie sich befinden.

> »Bin am Porschestand; sie zeigen ein neues
> Modell. #IAA09«

So teilen Sie mit, bei welcher Veranstaltung Sie sind und was dort geschieht. Mithilfe der Hashtags können Ihre Follower nicht nur Ihren Tweets von der Automobilausstellung folgen, sondern auch denen von anderen. Sie können darauf klicken und erhalten automatisch alle Tweets mit dieser Kennzeichnung angezeigt.

Ein aktuelles Beispiel für Live-Blogging beschreibt die Flucht des unter Mordverdacht stehenden Niederländers Joran van der Sloot durch Südamerika. Jan-Albert Hootsen, freier Korrespondent in Mexiko für verschiedene niederländische Zeitungen und Sender, erfuhr, dass man van der Sloot noch für einen weiteren Mord verantwortlich machte, diesmal an der Peruanerin Stephany Flores Ramirez. All dies veranlasste Hootsen dazu, alles, was er zum Thema wusste, zu sortieren und über Twitter (als @Jayhootsen) zu veröffentlichen. Seine Live-Berichterstattung wurde der Hit. Er nutzte seine Kontakte in Chile und anderen Ländern für einen authentischen Krimi über die Suche der Polizei nach dem mutmaßlichen Mörder. Das hatte nicht nur zur Folge, dass Hootsen in diverse Talkshows eingeladen wurde. Auch die Zahl seiner Follower bei Twitter verdreifachte sich.

Twitter ist keine Werbefläche

Dass Twitter sich hervorragend für Geschäftliches eignet, liegt meiner Meinung nach auf der Hand. Twitter ist besonders praktisch, um Ihr Unternehmen, Projekt oder Produkt bei Ihren Followern bekannt zu machen und um mit neuen Kunden, Partnern o. Ä. in Kontakt zu kommen. Wenn Sie privat twittern, sollten Sie allerdings sparsam sein mit Reklame für Ihre geschäftlichen Angebote. Natürlich dürfen Ihre Follower erfahren, dass Sie der Kopf hinter diesem genialen Produkt sind (vielleicht folgen sie Ihnen gerade deswegen), aber ein privates Twitterkonto ist kein Schaufenster für Ihr Unternehmen. Verwenden Sie vorzugsweise Ihren Unternehmens-Account, um Ihre Arbeit anzupreisen. Natürlich ist es schön, über die Gedankengänge zu twittern, die Ihrem Produkt zugrunde liegen. Ohne zu viel zu verraten, ist es ohne Weiteres möglich, über Twitter mit anderen zu brainstormen, welche Anforderungen Ihr neues Produkt erfüllen muss, oder sich mit den Benutzern eines vorhandenen Produkts auszutauschen, das Sie verbessern wollen. Das kann sehr interessantes Feedback einbringen, das Ihnen bei der Entwicklung des neuen Produkts hilft.

Sobald dann das neue Produkt das Licht der Welt erblickt, können Sie über Ihren Unternehmens-Account melden, dass es im Handel ist, und auf Ihre Website verweisen. Den Twitterern, die Ihnen bei der Produktentwicklung geholfen haben, können Sie über Ihr privates Twitterkonto Ihren Dank aussprechen oder eine kleine Belohnung zukommen lassen. Der Vorteil dieser Arbeitsweise besteht darin, dass Follower, die nur an dem Produkt interessiert sind, das Sie herstellen, keine Tweets zu sehen bekommen, die ihnen nichts nutzen.

Abbildung 3.2: Twitter ist keine Plakatwand.

Ein paar Tipps

Am Ende dieses Kapitels gebe ich Ihnen noch ein paar Tipps, die das Twittern leichter, angenehmer und interessanter machen. Als Erstes gibt es da die *URL-Verkürzer*, Websites oder Dienste, die ellenlange URLs in ultrakurze Webadressen umwandeln. Der Witz bei Twitter ist schließlich, dass Sie alles sagen können, was Sie wollen, aber in weniger als 140 Zeichen.

Da sind lange Internetadressen buchstäblich ein Verkehrshindernis. Über Sites wie Bit.ly, TinyURL.com und Ow.ly können Sie URLs kräftig einkürzen lassen.

Die Sites sind recht leicht zu bedienen. Kopieren Sie eine URL und surfen Sie zu einer der genannten Websites. (Übrigens sind die drei willkürlich herausgegriffen, das Internet wimmelt von solchen Diensten.) Fügen Sie die Internetadresse in das dafür bestimmte Eingabefeld. Danach werden Sie meist aufgefordert, einen Button anzuklicken, und die verkürzte URL erscheint. Sie ist häufig rund 25 Zeichen lang, was Ihnen genug Platz lässt, um den Link in Ihrem Tweet zu kommentieren.

Angenommen, Sie wollen einen Nachrichtenbeitrag von Spiegel Online twittern und dabei anmerken, dass Sie auch schon auf den Medaillenspiegel der Leichtathletik-WM lauern. Die Internetadresse des Artikels lautet http://www.spiegel.de/sport/sonst/0,1518,781841,00.html. Diese URL allein hat 55 Zeichen, mehr als ein Drittel einer Twitternachricht. Die verkürzte URL lautet http://tinyurl.com/3bdk596 – mit 26 Zeichen ein deutlicher Fortschritt.

Achten Sie auf Spam-Follower. Je beliebter Twitter wurde, desto häufiger fanden sich auch *Spambots* ein. Spam-was? Ein Bot ist eine Möglichkeit, automatisch Twitternachrichten zu verschicken oder Twitterern zu folgen. Das entspricht ungefähr den E-Mails, die im Spam-Ordner Ihres Anbieters landen. Oft geht es um sexlastige Websites, deren Eigentümer es gerne hätten, dass Sie einmal vorbeisurfen. Spam auf Twitter sieht oft genauso aus. Es sind URLs (gekürzt wie beschrieben), die auf Sites dieser Art führen. Manchmal geht es allerdings noch weiter: Dann werden über Ihr Konto Tweets verschickt, von denen Sie nichts wissen. Zum Glück gibt es aufmerksame Follower, die Sie darauf hinweisen, aber dann ist der Schaden schon angerichtet. Passen Sie also auf, wenn Sie auf Sites aktiv werden, die Ihnen fünfhundert Follower in einer Viertelstunde versprechen, und geben Sie dort auf keinen Fall Ihren Benutzernamen und Ihr Passwort ein. Es ist meist eine größere Aktion, den Spammer wieder auszuschalten.

Zum Schluss

Nachdem Sie nun ein Konto angelegt haben und die Twitter-Benimmregeln kennen, hält Sie nichts mehr davon ab, Ihre ersten Schritte auf Twitter zu machen. Sie haben schon gelesen, dass kein hochtrabendes Twitter-Debüt von Ihnen erwartet wird. Fangen Sie einfach an, verschicken Sie ein paar Tweets und lernen Sie dabei das »Look and Feel« von Twitter kennen. Vielleicht hat ein Freund, Bekannter oder Kollege Sie dazu überredet, Twitter auszuprobieren. Das ist praktisch, weil Sie vielleicht von dieser Person eine Einladung erhalten haben und Sie in jedem Fall gleich einen Kontakt haben, mit dem Sie Ihre ersten Tweets teilen können. Weiter hinten in diesem Buch erfahren Sie alles darüber, wie Sie die richtigen Follower finden und wie Sie dafür sorgen, dass andere Ihnen folgen. Das muss Sie aber nicht davon abhalten, sofort anzufangen. Sie werden sich wundern, wie schnell Sie Follower finden, sogar Menschen, die Sie überhaupt nicht kennen. Etwas in Ihren Tweets gefällt ihnen, und das ist Grund genug, Ihnen zu folgen. Damit ist auch gleich der Kern von Twitter beschrieben: Sie entdecken andere Menschen, und andere Menschen entdecken Sie. Mit hoher Wahrscheinlichkeit wird es sich dabei um Leute handeln, die Sie sonst nie kennengelernt hätten, selbst wenn Sie in Ihrer unmittelbaren Nähe wohnen.

Solange Sie nicht wissen, was diese anderen interessiert und umgekehrt, kann keine spannende Beziehung entstehen.

 Nicht nur für Sie privat, sondern auch für geschäftliche Ziele kann Twitter äußerst interessant sein. Wenn Sie ein eigenes Unternehmen haben, ist Twittern auf jeden Fall einen Versuch wert. In Kapitel 4 lesen Sie, wie Sie mit Ihrem Unternehmen auf Twitter aktiv werden können.

Mit Twitter im Geschäft   **4**

»Warum bist du mit deinem Laden noch nicht bei Twitter? Da sind doch inzwischen alle?« Wahrscheinlich haben Sie solche und ähnliche Bemerkungen schön gehört. Vielleicht hatten Sie nicht sofort eine Antwort auf die Frage parat, und an sich ist das auch kein großes Problem. Ihre Kunden finden Sie schließlich und der Laden läuft. Warum sollten Sie sich Stress machen wegen etwas, das sich in fünf Jahren längst als Seifenblase erwiesen hat?

Vorurteile über Twitter

Es gibt eine Menge Vorurteile über Twitter. Wenn Sie beschlossen haben, mit Ihrem Unternehmen Twitter zu nutzen, werden Sie wahrscheinlich gegen einige dieser Vorurteile kämpfen müssen. Vielleicht haben Sie auch selbst noch kein genaues Bild davon, worum es bei diesem beliebten Mikroblog eigentlich geht. Sie haben schon gelesen, dass Twitter einerseits als eine Art Weblog funktioniert. Das wurde natürlich mit dadurch hervorgerufen, dass die Site in ihren Anfangszeiten fragte: »What are you doing?« Selbstverständlich kamen daraufhin Antworten wie: »Arbeiten« oder »Fernsehen«. Für Ihre Kunden ist es natürlich keineswegs interessant, ob Sie am Samstag zum Baumarkt fahren oder mitteilen, dass Sie am Sonntag die Schwiegereltern besuchen.

Außerdem glauben noch immer viele, dass Twitter ein Ort für Voyeure ist, die sich vor allem für intimste Details aus dem Alltag der anderen interessieren. Diese Sorte Nutzer gibt es natürlich. Ohne Zweifel gehen jeden Tag Twitterer auf die Suche nach Wissenswertem über das Leben anderer, aber der Kern von Twitter ist das zum Glück schon lange nicht mehr, wenn es das überhaupt je war.

Twittersüchtig

»Muss man das den ganzen Tag beobachten?« Ein anderes Vorurteil lautet, dass Twitterer nicht mehr zum Arbeiten kommen. Was der Bauer nicht kennt ... Natürlich kann man den lieben langen Tag alle Tweets lesen, die vorbeikommen, und dann kommt man in der Tat kaum noch zum Arbeiten. Das ist übrigens genauso dann der Fall, wenn Sie den ganzen Tag fernsehen oder in der Sonne ein Buch lesen. Natürlich kostet Twittern Zeit, aber wer an einem Arbeitstag mehrmals Nachrichten im Radio hört, einmal öfter zum Kaffeeautomaten geht oder eine SMS nach Hause schickt, um zu erfahren, was es zu essen gibt, ist auch nicht produktiver als jemand, der gelegentlich einen Tweet loslässt. Außerdem können Sie oder Ihre Mitarbeiter während der Arbeitszeit auch private Mails checken oder einen Blick auf Ihre Facebook-Seite werfen. Es wird immer schwieriger, Arbeitnehmern solche Dinge zu verbieten, vor allem, da vieles davon inzwischen auch vom Handy aus erledigt werden kann. Verbieten ist außerdem ein schlechtes Zeichen; es zeigt, dass Sie Ihren Mitarbeitern nicht vertrauen, und das sorgt dafür, dass sie weniger Lust haben, sich für die Firma besonders einzusetzen.

Abbildung 4.1: Natürlich kostet Twittern Zeit; manche Mitarbeiter vergeuden ihre Zeit auch mit anderen Dingen.

Sind twitternde Mitarbeiter ein Problem oder eine Chance? Berber Hoekstra von der Firma Buzzcapture fragte sich das vor Kurzem auf der Website Coopr.nl. Hoekstra beschreibt in diesem Artikel das Risiko für Arbeitgeber und Unternehmen, auf Social-Media-Websites betratscht zu werden. Sie illustriert ihren Bericht mit deftigen Screenshots von Tweets, in denen mitgeteilt wird, dass die Absenderin gerade mit dem Chef ins Bett gegangen ist. Auch Tweets über langweilige und langatmige Tätigkeiten mancher Twitterer sind nicht aus der Luft gegriffen. Mitteilungen wie »I hate my job« sind eindeutig, vor allem, wenn der betreffende Twitterer auch seinen Arbeitgeber nennt.

Letzten Endes ist das ein Problem für den betreffenden Arbeitgeber, der mit Sicherheit nicht auf kritische Anmerkungen seiner Mitarbeiter wartet. Wegen der hervorragenden Durchsuchbarkeit des Internets und von Twitter im Besonderen ist es für jeden, den es interessiert, ein Kinderspiel, das Gemecker unzufriedener Mitarbeiter auf den Bildschirm zu zaubern. Dennoch habe ich den Eindruck, dass das Internet als Spielplatz des 21. Jahrhunderts nicht so viel anders ist als das Gejammer, das an einem durchschnittlichen Samstagabend in einer beliebigen Kneipe zu hören ist. Es ist schließlich normal, sich über den Chef zu beschweren. Außerdem ist ein »analoger« Ort wie eine Kneipe mindestens so öffentlich wie das Internet. Wer will, kann mithören, wenn über schlechte Bezahlung, langweilige Routinejobs, jämmerliche Arbeitsumstände und so weiter geredet wird. Dazu kommt noch, dass ein Arbeitnehmer im Geschäftswagen (versehen mit Name, Logo und Telefonnummer) mindestens ebenso großen Image-Schaden anrichtet, wenn er eine rote Ampel überfährt oder – noch schlimmer – einen Unfall verursacht. Ich sehe nicht, in welcher Hinsicht Social Media anders sind.

Hoekstra kommt zu einem interessanten Schluss. Sie schreibt: »Ein motivierter Mitarbeiter zählt doppelt. Erfüllen Sie sein Bedürfnis, in den Social Media anwesend zu sein, dann ist ein twitternder Mitarbeiter kein Problem, sondern eine Chance.« Letzten Endes ist das die Lösung. Social Media einfach zu verbieten, was immer noch an der Tagesordnung ist, schafft böses Blut und führt langfristig nur dazu, dass soziale Netzwerke noch stärker genutzt werden, vor allem, wenn man bedenkt, dass mobile Social-Media-Anwendungen unaufhaltsam auf dem Vormarsch sind. Wenn Mitarbeiter für das verantwortlich sind, was sie im Namen

Abbildung 4.2: Es könnte Ihre Mitarbeiterin sein.

des Unternehmens in sozialen Netzwerken äußern, lässt das Meckern mit Sicherheit nach. Außerdem empfiehlt es sich, einen Unternehmens-Account anzulegen, über das eigene Mitteilungen des Unternehmens in der Twitter-Welt verbreitet werden können. Aber auch das liegt eigentlich auf der Hand. Wenn ein neuer Mitarbeiter zum ersten Mal mit dem Geschäftswagen wegfährt, werden viele Chefs – wahrscheinlich vollkommen unnötig – mehr als einmal auf die Folgen von Schäden oder Unfällen mit dem Fahrzeug hinweisen.

Privatsphäre

»Dann steht wieder alles Mögliche über mich im Internet!« Jeder Mensch schätzt seine Privatsphäre. Es gibt nun einmal Dinge, die niemanden etwas angehen. Deshalb lassen Sie vermutlich keine Kontoauszüge herumliegen, wenn Sie Besuch erwarten, deshalb lassen Sie Ihre Tasche nicht unbewacht an Orten stehen, von denen Sie nicht wissen, ob sie sicher sind. Dasselbe gilt auch für das Internet, aber die weltweiten Zugriffsmöglichkeiten rufen immer noch bei vielen Menschen eine Gänsehaut hervor. Natürlich ist es ratsam, Ihr Passwort regelmäßig zu ändern und die Privatsphären-Einstellungen Ihrer Facebook-Seite im Auge zu behalten, aber wenn Sie sich das nicht nur vornehmen, sondern es auch tun, kann nicht viel passieren. Genauso ist es bei Twitter. Wenn Sie melden, dass Sie für drei Wochen in Urlaub fahren und Ihre Adresse zum Beispiel mittels Foursquare (siehe Kapitel 7) bekannt ist, fühlen sich Online-affine Einbrecher praktisch eingeladen, während Ihrer Abwesenheit zuzuschlagen. Aber hier gilt auch: Wenn Sie Türen und Fenster nicht richtig abschließen, können sie einfach hineinspazieren.

Warum doch?

Es gibt nicht nur Vorurteile über Twitter, die Sache hat auch Vorteile, vor allem, wenn man sie geschäftlich betrachtet. Twitter bietet Ihnen nämlich eine Möglichkeit, zusätzlich auf Ihre Produkte aufmerksam zu machen, gratis und umsonst. Wenn Sie Twitter als eine ergänzende Werbemöglichkeit erkennen, sind Sie vermutlich schnell bereit, die Vorurteile über Bord zu werfen. Es gab schließlich auch Zeiten, in denen Sie Postwurfsendungen losschickten und eine Unternehmens-Website als unnötigen Kostenfaktor ansahen. Ihre Kunden erfuhren ja auch so von Ihnen, Sie waren außerdem Sponsor des örtlichen Fußballvereins, also alles in Butter. Aber irgendwann ließen Sie sich überzeugen, dass es keine schlechte Idee wäre, Ihr Sortiment auch über eine Website anzubieten, und jetzt kommen doch immer wieder Kunden vorbei, die Sie im Internet gefunden haben. Deshalb also auch Twitter? Ja, genau, verwenden Sie Twitter als Marketinginstrument.

Best Practices

Der Erfolg von Twitter lässt sich vielleicht am besten anhand von zwei Beispielen zeigen. Das erste stammt aus dem Dorf Breskens in Seeland. Dort betreibt Petra de Boevere seit 1993 den Wein- und Spirituosenhandel de Vuurtoren. De Boevere ist das Musterbeispiel für eine fleißige Mittelständlerin und begeisterte Verkäuferin der Produkte in ihren Ladenregalen. Sie nennt sich selbst eine Fachidiotin. Beim ständigen Herumschleppen von Getränkekisten holte sich de Boevere eines Tages einen Bandscheibenvorfall und war damit für längere Zeit außer Gefecht gesetzt. Mit dem Laptop im Bett lernte de Boevere Blogs und Social Media kennen. In jener Zeit erblickte @slijtermeisje das Licht der Welt, und sie startete einige Blogs, die schnell bekannt wurden. Inzwischen ist de Boevere ein Begriff in der Social-Media-Welt, und sie wird gern als Rednerin für Kongresse über Social Media und Marketing gebucht. Die Blogs von @slijtermeisje werden immer beliebter, immer mehr Kunden aus dem ganzen Land machen sich auf den Weg zu de Boeveres Laden, und natürlich kann man ihre Produkte auch online bestellen.

Neues Getränk

Als de Boevere auf die Idee kam, ein völlig neues Produkt auf den Markt zu bringen, konnte sie ihre Kenntnisse und Erfahrungen in Sachen Social Media gut einbringen. De Boevere entwickelte »Algengenever«, einen traditionell gebrannten Genever mit leicht »salziger Brise«, so die Website. Das Produkt, das besonders gut zu Gerichten wie beispielsweise Austern, grünem Hering und Sushi schmeckt, wurde ein echter Hit, als die Händlerin über ihre Websites auf das neue Getränk aufmerksam machte. Aber bevor es so weit war und der Genever im Laden lag, konnte de Boevere allerlei praktische Dinge über Twitter gratis regeln. Indem sie mit ihren Followern über das Produkt sprach, konnte sie Menschen für sich gewinnen, die bereit waren, allerlei Hand- und Spanndienste für de Boevere zu erledigen. So fand sie zum Beispiel einen Designer, der ihr das Etikett für die Flasche entwarf.

Kein Cent für Marketing

Das Produkt Algengenever wurde ein Hit, ohne dass ein Cent in einen Marketingplan oder eine Werbekampagne floss. Aber de Boevere ging noch weiter: Sie überredete ein paar professionelle Musiker dazu, mit ihr ins Studio zu gehen und eine Algenballade aufzunehmen, anstelle von Kalendern oder Schlüsselanhängern. Die Algenballade steht auf der Produkt-Website zum Download bereit.

Weil de Boevere bereit war zu teilen, fand sie genug Menschen, die sie bei der Entwicklung ihres neuen Produktes unterstützten.

Imagepolitur

Ein anderes schönes Beispiel, wie Twitter zum Erfolg eines Produktes beigetragen hat, liefert der Textilsupermarkt Zeeman. Im Gegensatz zur Spirituosenhändlerin de Boevere beauftragte Zeeman ein Beratungsunternehmen mit der Entwicklung einer Internetstrategie.

Lange Zeit hatte Zeeman ein eindeutiges Imageproblem. Es sorgte immer wieder für negative Schlagzeilen, auch in den Social Media, wo vor allem Jugendliche Hass-Seiten einrichteten, um ihrer Unzufriedenheit mit dem Laden Luft zu machen. Bis Mitte 2009 konnte man sich nicht vorstellen, dass Zeeman für wenig Geld auch Qualitätsprodukte anbieten konnte. Die Beratungsfirma nahm diese Tatsache als Ausgangspunkt und entwickelte die Zeeman-Boxershorts. Dieses Teil erinnerte im Aussehen an teure Unterwäsche von Qualitätsmarken wie Björn Borg oder Calvin Klein, die bei Jugendlichen sehr beliebt sind. Boxershorts werden oft sichtbar getragen; das Gummiband (mit der Marke darauf!) soll möglichst über dem Hosenbund des Trägers erkennbar sein. Die Boxershorts des Textilriesen zeigten also deutlich den Namen des Unternehmens auf dem Bund und waren außerdem in den bekannten Farben gelb und blau ausgeführt. Die wichtigste Eigenschaft der Hose war allerdings, dass sie gratis (bzw. gegen Versandkosten) bestellt werden konnte – ausschließlich online, in den Zeeman-Geschäften war sie nicht zu haben.

Regelrechter Hit

Die Boxershorts wurden ein regelrechter Hit. Als das Beratungsunternehmen Ende November unter anderem über Twitter begann, die Zeeman-Shorts zu pushen, wurden täglich rund 150 Exemplare verschickt, und noch immer sind auf Twitter regelmäßig Tweets zu lesen, vor allem von Schülern der Mittelstufe, die diese Shorts tragen und das stolz aller Welt mitteilen. Mit dieser Kampagne wurde das Image von Zeeman deutlich aufpoliert, unter anderem dank des Kultstatus, den die Shorts inzwischen erreicht hatten. Zeeman profilierte sich als Unternehmen mit Internetstrategie, während es ein Jahr zuvor noch ein eher armseliges Image hatte. Polnische Automarken steckten jahrelang Millionenetats in Werbekampagnen, um ihre Fahrzeuge in ein besseres

Licht zu stellen, aber noch immer gibt es wenige Autofahrer, die stolz berichten, einen Lada zu fahren. Doch eine wachsende Gruppe von Menschen gibt lauthals bekannt, dass sie Unterwäsche von Zeeman trägt. Anfang 2010 erschien dann auch der Zeeman-Hipster, die Damenvariante der Boxershorts.

Inzwischen hat das Unternehmen vorsichtig damit begonnen, mittels Webmonitoring mehr über die Online-Kunden von Zeeman zu erfahren.

Und jetzt Ihr Unternehmen

Die Wahrscheinlichkeit ist groß, dass die Praxisbeispiele über Alkohol und Boxershorts so gar nichts mit den Produkten zu tun haben, die Sie möglicherweise über Twitter an den Mann bringen wollen. Dennoch zeigen beide Fälle ganz deutlich, welche Fragen gestellt werden müssen, wenn Sie sich überlegen, mit Ihrem Unternehmen auf Twitter aktiv zu werden.

Was will ich mit Twitter erreichen?

Auf diese Frage sind unendlich viele Antworten möglich. Sie kann recht kurz ausfallen, zum Beispiel Bekanntheit, Hilfe oder ein besseres Image.

Im Fall von Petra de Boevere war klar, dass sie Hilfe für allerlei Dinge suchte, die für die Entwicklung ihres Produkts nötig waren. Letzten Endes hat das dem Produkt Algengenever eine beachtliche Namensbekanntheit eingebracht.

@slijtermeisje hat inzwischen rund 6000 Follower, die man gut und gern als potenzielle Zielgruppe ansehen kann. Außerdem wäre diese Gruppe für die Händlerin auf anderem Wege kaum zu erreichen gewesen, denn sie stammt wohl zum überwiegenden Teil nicht aus dem betreffenden Dorf in Seeland.

Zeeman wollte sein schlechtes Image loswerden. Der Textilsupermarkt zeichnete sich nicht gerade durch schick eingerichtete Läden und glamouröses Verkaufspersonal aus. Das gab alles andere als ein gutes Bild ab. Inzwischen hat sich das Image verändert. Zeeman ist jetzt ein Unternehmen mit treffender Internetstrategie. Die Kunden schämen sich nicht mehr dafür, Kleidung von Zeeman zu tragen, das Bild des Unternehmens hat sich geändert.

Was sagen die Leute über mein Unternehmen, mein Produkt, meine Dienstleistung?

Twitter eignet sich hervorragend, um die Reaktionen auf Ihr Unternehmen zu beobachten. Es entwickelt sich immer mehr zu einem Medium, das Kunden dazu benutzen, um Produkte oder Dienstleistungen zu loben, aber auch Kritik loszuwerden. Die mit Twitter verbundene Website http://search.twitter.com ist äußerst praktisch, um der Meinung Ihrer Kunden auf die Spur zu kommen. Bei einer Suchanfrage zum Beispiel mit den Schlagworten #tmobile oder #bahn bekommt man seitenweise das Gemecker von Twitterern zu sehen, die vergeblich versucht haben, mit ihren Mobilfunkgeräten zu telefonieren, oder die zu spät kamen, weil Züge ausfielen.

 Geschickte Twitterer nutzen die Suchfunktion von Twitter, um damit eigenständige Websites einzurichten. So gibt es zum Beispiel Websites, die nach Kombinationen aus einem Unternehmensnamen mit dem Hashtag #fail suchen. Andere sind positiver ausgerichtet und sammeln #Lob.

Abbildung 4.3: Mithören über Twitter

Sofort reagieren

Für Ihr Unternehmen ist es gut zu wissen, wo Sie Lob und Tadel nachlesen können. Durch Ihre Anwesenheit auf Websites für Social Media haben Sie die einzigartige Möglichkeit, jederzeit nachzuschauen, was über Ihr Produkt geschrieben wird. Noch wichtiger: Sie können sofort darauf reagieren. Sie sind schließlich nicht nur Unternehmer, sondern auch Kunde, und als Kunde wollen Sie ernst genommen werden. Wenn Sie als Kunde ein Gerät, das nicht funktioniert, in den Laden zurückbringen, wissen Sie es sehr zu schätzen, wenn der Unternehmer Verständnis für Ihr Problem zeigt und versucht, mitzudenken und eine Lösung zu finden. Ihren Kunden ergeht es nicht anders. Auch sie sehen gern, welche Maßnahmen Sie ergreifen, um ihnen bei Unzufriedenheit entgegenzukommen. Über Twitter haben Sie eine zusätzliche Möglichkeit, sich darum zu kümmern. Vergessen Sie auch nicht, dass nicht alle unzufriedenen Kunden gleich in Ihr Geschäft zurückkommen, sondern vielleicht bei einer Geburtstagsparty am selben Abend über das Produkt meckern, das sie bei Ihnen gekauft haben.

Ansichten

Indem Sie ständig – oder jedenfalls ziemlich regelmäßig – auf Twitter nach Produktbewertungen Ihrer Kunden suchen, können Sie auf alle Ansichten eingehen, die über Ihr Produkt bestehen. Egal, ob ein Kunde gerade der Welt mitgeteilt hat, was für ein tolles Produkt Sie verkaufen, oder ob gewisse Meckerer gerade ihren Followern geraten haben, nie mehr etwas von Ihnen zu kaufen. In beiden Fällen können Sie reagieren und zeigen, dass Sie bereit sind, an einer Lösung mitzuarbeiten, bzw. dass Sie sich über das Kompliment freuen.

Was meint der Kunde?

Auch diese Frage lässt sich über Twitter bestens beantworten. Nehmen wir an, Sie überlegen, ein neues Produkt auf den Markt zu bringen. Sie selbst sind von dem Ergebnis überzeugt, aber Sie sind auch neugierig auf die Meinung Ihrer Kunden. Über Twitter können Sie herausfinden, ob Ihre Kunden wirklich dieses neue Produkt brauchen. Indem Sie seine Eigenschaften über Ihre Twitterseite vorstellen, können Sie leicht beobachten, was Ihre Kundschaft davon hält. Sie könnten gratis Test- oder Probeexemplare anbieten oder einen Fragebogen gegen einen Rabatt beim Kauf des neuen Produkts ausfüllen lassen. Die Meinung des Kunden ist sehr wertvoll, und – mindestens ebenso wichtig – der Kunde schätzt das Gefühl, von Ihnen als Unternehmer ernst genommen zu werden.

Die Erfahrungen, die Ihre Kunden mit Ihren Produkten machen, können Ihnen bei der Weiterentwicklung helfen. Twitter kann also auch als Podium für eine Hilfsanfrage dienen.

Seien Sie kreativ

Twitter lässt sich außerdem noch für andere Ziele und auf andere Art und Weise einsetzen. Etwas Kreativität von Ihrer Seite ist dafür allerdings nötig. Sie kennen Ihren Markt und Ihr Produkt schließlich am besten. Sie können am besten einschätzen, wie Ihre Kunden von Ihnen angesprochen werden wollen. Und wenn nicht, nutzen Sie Twitter, um das herauszufinden. Wenn Sie Twitter nicht verwenden, lassen Sie ein vielseitiges und vor allem kostenloses Marketingtool ungenutzt. Wenn Sie sich dann vorstellen, dass die Konkurrenz es vermutlich schon nutzt, entgehen Ihnen eindeutig Chancen.

Zum Schluss

Natürlich sind die Beispiele in diesem Kapitel die bekannten Erfolgsgeschichten. Letzten Endes ist der Erfolg nicht garantiert, aber andererseits wären Sie als Unternehmer schön blöd, es nicht darauf ankommen zu lassen. Gehen Sie mit sich selbst zurate, dann kommen Sie auf die Botschaft, die Sie über Twitter verbreiten wollen. Dabei müssen Sie – das kennen Sie sicher schon – von der Stärke Ihres Produkts ausgehen, nicht von der Stärke des Mediums. Aber diese Stärke kann Ihnen besondere Dienste leisten. Dafür sind vor allem zwei Dinge wichtig: folgen und verfolgt werden. Wie folgen Sie anderen, und wie kommen Sie an möglichst viele Follower für Ihre Tweets? Das lesen Sie in den folgenden Kapiteln.

Follow me please

Twitter ist ein Spiel aus Folgen und Verfolgt werden. Einfacher geht es kaum. Der Gedanke, anderen mitzuteilen, was man denkt und tut, ist für viele Twitterer so verführerisch, dass sie damit Hunderte, mitunter sogar Tausende andere Twitterer anlocken konnten. Inzwischen haben Sie auch ein Twitterkonto angelegt. Das bedeutet, dass Sie bereit sind, in Ihr Leben als Twitterer zu starten.

Folgen Sie anderen Twitterern

Ihr Account ist angelegt, alles ist ausgefüllt, Sie haben ein Foto hochgeladen. Jetzt ist es an der Zeit, andere interessante Twitterer zu suchen. Twitter ist schließlich keine Einbahnstraße. Möglicherweise wurden Sie – wie schon vermutet – von einem Bekannten überredet, mit dem Twittern zu beginnen. Die Wahrscheinlichkeit ist hoch, dass derjenige Ihnen bereits folgt. Rechts oben auf Ihrer persönlichen PROFIL-Seite sehen Sie, welche Menschen Ihnen eventuell schon folgen (siehe Abbildung 5.1). Die Zahl entspricht natürlich der Anzahl Ihrer Follower.

Klicken Sie jetzt auf FOLLOWER. Wie auf anderen Websites erscheint eine Linie unter dem Wort Follower, wenn Sie mit der Maus darauf zeigen. Es handelt sich also um einen Link, den Sie anklicken können.

Abbildung 5.1: Rechts oben auf der Twitterseite sehen Sie, wie viele Twitterer Ihnen schon folgen.

Jetzt erscheint eine Übersicht Ihrer Follower. Vielleicht sind es zurzeit nur wenige, aber keine Angst: In wenigen Stunden werden Sie sehen, dass Ihre Tweets für viele interessant sind. Ihre Follower werden nicht lange auf sich warten lassen. Wenn es tatsächlich einen Bekannten gibt, der Ihnen folgt, können Sie jetzt auf seinen Namen oder sein Foto klicken. Sie werden dann auf die persönliche Twitterseite Ihres Bekannten geleitet. Weil dieser vermutlich schon etwas länger auf Twitter aktiv ist, dürfte es interessant sein, sich unter seinen Followern umzusehen. Vielleicht sind noch weitere Bekannte von Ihnen dabei, denen Sie ebenfalls folgen möchten. Also bummeln Sie erst einmal zwischen den Followern dieses Twitterers herum. Letztes Endes werden Sie merken, dass auch alle diese Follower ihrerseits über ein eigenes Netzwerk verfügen, in dem Sie Ihre Twitter-Expedition fortsetzen können. Innerhalb von Minuten stellen Sie fest, dass es ein Kinderspiel ist, über Twitter interessante andere Twitterer zu suchen. Wenn Sie nach einiger Zeit die Orientierung verloren haben, können Sie jederzeit auf @[TWITTERNAME]'S PROFIL klicken, oben auf der Twitterseite. Dieser Link bringt Sie immer auf Ihre eigene Twitterseite zurück.

Follower einladen

Nachdem Sie Ihre ersten Schritte auf Twitter unternommen haben, wird es Zeit, auf anderem Weg nach interessanten Twitterern zu suchen. Das geht zum Beispiel, indem Sie auf einer beliebigen Twitterseite rechts oben auf WEM FOLGEN klicken. Dieser Klick liefert Ihnen unter anderem ein Suchfeld für Namen von Personen oder Organisationen (siehe Abbildung 5.2).

Abbildung 5.2: Auf der Suche nach interessanten Twitterern

Hier können Sie auf die Suche nach interessanten bekannten oder unbekannten Twitterern gehen. Auf dieser Seite sehen Sie drei Tab-Reiter. Klicken Sie zuerst auf den dritten Reiter, FREUNDE FINDEN.

Freunde finden

Es ist nämlich recht wahrscheinlich, dass Sie schon Leute kennen, die auch twittern, von denen Sie das aber noch nicht wissen. Twitter bietet Ihnen die Möglichkeit, in Ihren eigenen Adressbeständen nach vorhandenen Twitterern zu suchen. Das heißt, falls Sie Gmail, Yahoo, Hotmail, AOL oder LinkedIn nutzen. Twitter kann – natürlich nur, wenn Sie das wollen – eine vorübergehende Verbindung zu diesen Diensten herstellen, um zu sehen, ob dort Twitterer zu finden sind.

Nehmen wir an, Sie nutzen Gmail, den kostenlosen E-Mail-Dienst von Google. Klicken Sie dann auf das Icon von Gmail, das Sie auf dem geöffneten Reiter sehen. Twitter fragt jetzt Ihre Gmail-Adresse und Ihr Passwort ab.

 Nicht erschrecken. Natürlich fühlt es sich komisch an, Ihr Passwort einer Website anzuvertrauen, die Sie kaum kennen. Twitter garantiert allerdings, mit diesen Daten sehr diskret umzugehen. Die Site speichert Ihre Daten nicht, sondern nutzt sie einmalig, um – in diesem Fall – die Liste Ihrer Kontaktpersonen in Gmail nach Twitterern zu durchsuchen. Twitter versichert, Ihre Kontakte nicht ungefragt anzumailen. Soll tatsächlich eine E-Mail an Ihre Bekannten verschickt werden, erhalten Sie eine ausdrückliche Anfrage. Auf der betreffenden Seite finden Sie auch einen Link zur Supportseite von Twitter, wo auf Englisch erklärt wird, wie die einmalige Verbindung zur Liste Ihrer Kontaktpersonen funktioniert.

Wenn Sie Ihre Daten eingegeben haben, wird eine einmalige Verbindung zur Liste Ihrer Kontaktpersonen auf Gmail hergestellt. Abhängig von der Anzahl Kontaktpersonen dauert das einige Sekunden bis zu einer Minute. Dann erscheint die Liste, und Sie werden sehen, dass wahrscheinlich schon viele Ihrer Kontakte auf Twitter aktiv sind. Blättern Sie die Liste durch (eventuell mit dem Button MORE unten auf der Seite), und wenn Sie jemanden sehen, dem Sie folgen möchten, können Sie hinter dem Namen und den Daten der Person direkt auf FOLGEN klicken

Wenn jemand aus Ihrer Liste noch nicht bei Twitter ist, können Sie diese Person einladen (siehe Abbildung 5.3). Vielleicht sind Sie ja inzwischen selbst ein begeisterter Twitterer. Mit dem Button LADE DIESE FREUNDE EIN schicken Sie eine E-Mail an die Adresse dieser Kontaktperson. Die kann, wenn sie die Nachricht liest, entscheiden, ob sie sich auf das Abenteuer Twitter einlassen will. Wenn Sie alle Bekannten eingeladen haben, können Sie auf Ihre eigene Twitterseite zurückkehren, indem Sie auf STARTSEITE klicken.

Wem folgen? | Suchen

Siehe Empfehlungen   Interessen browsen   **Finde Freunde**

Durchsuche die von dir verwendeten Dienste, um herauszufinden, welche deiner Freunde bereits auf Twitter sind. Wenn du sie gefunden hast, folge deinen Freunden, um ihre Tweets zu deiner Timeline hinzuzufügen.

✉ Gmail bonnldfs@googlemail.com	Suche Kontakte
❗ Yahoo	Suche Kontakte
✉ Hotmail & 💬 Messenger	Suche Kontakte
🐾 AOL	Suche Kontakte
in LinkedIn	Suche Kontakte

Abbildung 5.3: Kontaktpersonen aus Gmail einladen.

Sobald die Menschen von Ihrer Kontaktliste ihre E-Mails lesen oder Twitter besuchen, erhalten sie Ihre Einladung. Das kann recht schnell gehen, aber längst nicht alle lesen jeden Tag ihre E-Mails. Haben Sie also Geduld. Es gibt bei Twitter noch genug anderes zu tun. Sie können das gleiche Spielchen veranstalten, wenn Sie eine Profilseite auf dem Business-Netzwerk LinkedIn haben. Indem Sie auf das LinkedIn-Icon klicken, stellen Sie wieder eine Verbindung her. Auch hier erscheinen mögliche Kontakte, bei denen es für Sie interessant sein könnte, ihnen auf Twitter zu folgen. So vergrößern Sie auch über diese Website Ihr Netzwerk auf Twitter.

Wenn Sie einmal Geschmack an Social Media gefunden haben, wissen Sie, dass alle Social-Media-Websites, die Sie nutzen, Ihnen die Möglichkeit geben, mitzuteilen, womit Sie sich beschäftigen. Wkw will wissen, »Was du gerade machst ...«, Facebook fragt nach Status-Updates, und auch auf LinkedIn können Sie mitteilen, was Sie gerade beschäftigt. Indem Sie Verbindungen zwischen Twitter und anderen Social-Media-Websites herstellen, können Sie es sich recht leicht machen. Ihre Tweets erscheinen dann auf Facebook oder XING als Status-Mitteilung. Denken Sie aber daran, dass Leute, die Ihnen nicht nur auf Twitter, sondern auch in den anderen Netzwerken folgen, diese Informationen dann zweimal vorgesetzt bekommen. Das finden nicht alle wirklich spannend.

Sie sind noch immer auf der Twitterseite WEM FOLGEN.

Vorschläge ansehen

Außer dem Reiter FREUNDE FINDEN gibt es noch den Reiter VORSCHLÄGE ANSEHEN. Sie erhalten dort Vorschläge von Twitter-Accounts auf der Basis derjenigen, denen Sie bereits folgen. Das sind anfangs ziemlich wenige, darum erscheint zunächst eine wilde Ansammlung häufig besuchter Konten. Wenn Sie sich jetzt blind auf das verlassen, was Twitter Ihnen mitteilt, ist die Auswahl doch recht eingeschränkt. Sie können aber sicher sein, dass außer großen Zeitungen und den aktuellen Chart-Sternchen noch allerlei andere interessante Figuren auf Twitter aktiv sind. Wie Sie diese finden, erfahren Sie gleich. Dieser Link ist also nicht nötig.

Weltweit

Eine weitere Ideenquelle sind die TRENDS, die Sie rechts unten auf der STARTSEITE finden. Bei der Option WELTWEIT werden u. a. amerikanische Teenie- und Sportidole angezeigt. Mitunter schaffen es auch andere Nachrichten aus aller Welt auf die Liste, oder Sie schränken die Anzeige gleich ganz auf ein bestimmtes Land ein. Wenn Sie einem dieser Twitterkonten folgen wollen, klicken Sie einfach auf FOLGEN.

Wie schon gesagt, sind viele der Vorschläge in dieser Liste sehr auf amerikanische Twitterer ausgerichtet. Klicken Sie sich ruhig einmal durch, vielleicht ist etwas für Sie dabei. Denken Sie daran: Wenn Ihnen die Tweets von jemandem doch nicht gefallen, ist entfolgen genauso einfach wie folgen. Sie hören auf, jemandem zu folgen, indem Sie auf seiner Twitterseite auf den unten stehenden Button klicken. Wählen Sie die Option ENTFOLGEN, und die Tweets dieser Person gehen in Zukunft wieder an Ihnen vorbei (siehe Abbildung 5.4).

Abbildung 5.4: Sie hören auf, jemandem zu folgen, wenn Sie auf der Twitterseite diesen Button anklicken.

Suchfunktion

Ganz oben auf der Freunde-finde-Seite finden Sie eine Such-zeile mit dem Text SUCHE NACH NAMEN ODER THEMEN. Damit können Sie gezielt auf die Suche nach einer bestimm ten Person gehen. Das klingt praktisch, Sie können dabei aber auch leer ausgehen. Wenn Sie hier nach meinem Namen suchen, stellen Sie fest, dass mein Twitterkonto in der Tat auf-taucht. Das liegt daran, dass ich unter PROFIL bei NAME auch tatsächlich Raymond Janssen eingetragen habe. Das tun nicht alle, und dadurch wird es mitunter schwierig, jemanden zu finden. Nehmen wir an, Sie wollen der Schauspielerin Victoria Koblenko folgen. Sie werden sie dann kaum finden, indem Sie ihren vollständigen Namen suchen. In ihrem Profil ist nämlich nur der Vorname eingetragen, was es schwierig macht, sie auf diesem Weg aufzuspüren. Dabei ist Koblenko recht aktiv auf Twitter. Für die Fans: Ihr Twittername ist @vkoblenko.

 Wenn Sie jemanden über diese Suchmöglichkeit nicht finden, heißt das also noch lange nicht, dass dieser Jemand nicht auf Twitter aktiv ist.

 Eine andere Möglichkeit ist TWITTER SEARCH – der Name dieser Site ist bereits gefallen. Wenn Sie zu dieser Website surfen, landen Sie bei der Suchmaschine von Twitter. Sie können dort nach Twitternamen suchen, aber auch nach Themen, Schlagworten und anderem. Am besten probieren Sie es einfach aus. Wer weiß, was für interessante, auffällige oder spannende Tweets Sie dabei finden. Twitter Search finden Sie unter `http://search.twitter.com/`.

Radio und Fernsehen

Sie haben jetzt in Ihrer direkten Umgebung nach anderen Twitterern gesucht. Dabei haben Sie vermutlich schon allerhand gefunden. Auch die Suchoptionen von Twitter haben Sie inzwischen kennengelernt und damit diverse spannende Twitterer entdeckt. Aber Ihnen stehen noch viele weitere Möglichkeiten zur Verfügung, um neue Twitterer zu finden. Indem Sie sich einfach gründlich umschauen, werden Sie unzählige neue Twitterazzi kennenlernen. Schließlich nutzt fast jeder Fernsehsender, jede Zeitung oder Zeitschrift auch Twitter. Darunter finden sich natürlich beliebte Sendungen aus dem Privatfernsehen, aber wenn Sie darauf achten, werden Sie feststellen, dass Sie mit Twitterkonten geradezu überschwemmt werden.

Nicht alle Medien nutzen Twitter übrigens, um einen Dialog mit der Öffentlichkeit herzustellen. Das ist nur eine Möglichkeit; manche Redaktionen kündigen über Twitter einfach Neuigkeiten an und setzen einen Link auf ihre Website – was auch nicht falsch ist. So dient Twitter als zusätzlicher Kommunikationskanal. Wenn Sie eine Frage haben, kann es natürlich sein, dass Sie vergeblich auf Antwort warten.

Die Tagesschau bietet ein Beispiel für einen solchen Twitter-Account. Nur sporadisch reagieren die Twitterer auf die Tweets der Sendung. Allenfalls Retweets sind an der Tagesordnung. Dafür hält die ARD ihre Follower auch zwischen den Nachrichtensendungen auf dem Laufenden.

Letzten Endes ist aber nicht nur die Tagesschau aktiv auf Twitter. Surfen Sie einmal bei Ihrem Lieblingssender vorbei, oder achten Sie bei der Ankündigung einer Sendung genau darauf, so kommen Sie wieder an eine Handvoll interessanter Twitter-Links.

Zeitungen und Zeitschriften

Auch Zeitungen und Zeitschriften sind auf Twitter zunehmend aktiv. Wie beim Fernsehen werden diese Konten häufig genutzt, um auf Schlagzeilen aufmerksam zu machen. Ein bekanntes Beispiel ist das Twitterkonto der ZEIT (@zeitonline), die täglich Dutzende von Tweets veröffentlicht. Dabei handelt es sich ausschließlich um Tweets mit einer Schlagzeile und einem Link zur Website. Für Sie als Twitterer ist das eine praktische Methode, die Nachrichten schnell zu überfliegen, ehe Sie zur Website weitersurfen. Die ZEIT bietet die Nachrichten auf diese Weise übersichtlich an, und von der Twitterseite aus können Sie nach Wunsch zur Website weiterklicken.

Berühmte Twitterer

Immer mehr Redaktionen gehen zu Twitter über, und hoffentlich ist auch Ihre bevorzugte Zeitung oder Lieblingssendung dabei. Sie werden merken, dass es Ihnen immer leichter fällt, Konten zu finden, je länger Sie auf Twitter unterwegs sind. Achten Sie aber darauf, dass nicht alle Berühmtheiten auch selbst twittern. Manche Twitterer haben sich die Konten von Prominenten unter den Nagel gerissen. Manchmal tun sie das, um zu vermeiden, dass das Konto missbraucht wird, aber mitunter geben sie sich auch als die jeweilige Berühmtheit aus. Die Macher von Twitter haben deshalb das Label »verifiziertes Konto« entwickelt. Wenn dieses Häkchen auf blauem Grund neben dem Twitternamen eines berühmten Zeitgenossen zu sehen ist, können Sie davon ausgehen, dass Sie es mit dem Promi selbst zu tun haben. Übrigens haben berühmte Twitterer astronomische Follower-Zahlen. Das hat leider oft zur Folge, dass es für den betreffenden Twitterer anstrengend wird, auf Tweets zu reagieren. Häufig vorkommende Fragen werden deshalb meist nicht per Tweet beantwortet. Wenn Sie also den bekannten Pianisten @jamiecullum fragen, wann sein neues Album erscheint, wird er wahrscheinlich nicht persönlich antworten. Sie müssen also – auf der Suche nach der Antwort – in Jamie Cullums Timeline zurücklesen, bis Sie finden, was Sie wissen möchten. Das ist etwas mühsamer, als wenn er Ihnen per @-Reply antworten würde und Sie das direkt in Ihren Tweets lesen könnten.

Twitterverzeichnis

Ein besonders nützliches Hilfsmittel zum Auffinden von neuen Twitterern ist die Website tweetranking.com. Sie wird betrieben von Holger Schmidt (@HolgerSchmidt bzw.

@netzoekonom). Dabei handelt es sich nicht unbedingt um eine Art Telefonbuch für Twitter, sondern die Konten sind nach der Anzahl von Empfehlungen gelistet, die sie von anderen Twitterern bekommen. Sie finden auf dieser Website Hunderte von Twitterern, die in den Themengebieten aktiv sind, für die Sie sich interessieren. Die Einträge sind in Kategorien wie IT, Politik, Sport oder Internet unterteilt. Auch Themen wie Essen und Trinken, Freundschaft oder Party stehen auf der Site. Unter Marketing finden sich Marketingfachleute und Informationsquellen für unterschiedliche Branchen. Wenn Sie also für Ihr Unternehmen einen guten Texter oder eine Werbeagentur suchen, können Sie hier nach Twitterern Ausschau halten, die sich auf diesem Gebiet auskennen oder die Sache direkt für Sie übernehmen.

 Nicht nur geschäftliche Themen sind im Twitterverzeichnis zu finden. Neben den Rubriken Kunst und Kultur sind Musik, Literatur, Museum und Theater noch einmal getrennt aufgeführt. Für jeden etwas, könnte man sagen.

Kategorien

Wenn Sie auf eine Kategorie klicken, erscheinen alle Twitterer dieser Kategorie, die mindestens eine Empfehlung bekommen haben. Die Top-10 bestimmter Kategorien wie Wirtschaft oder Werbung stehen gleich auf der Startseite, ebenso die neuesten Empfehlungen und die »Aufsteiger des Tages« und »… der Woche«. Ein Klick auf die Kategorie RADIO führt zu 172 empfohlenen Twitterern, die in irgendeiner Form mit Radio zu tun haben. Weit oben auf der Liste findet sich der Fußball-Sender 90elf, dicht gefolgt von alten Bekannten wie SWR3, dem WDR und dem Deutschlandradio. Dass ein Spe-

cial-Interest-Sender mit 2300 Followern direkt neben einem
Öffentlich-Rechtlichen mit 23.000 landet, liegt daran, dass das
Ranking eben auf Empfehlungen beruht, nicht auf der Anzahl
Follower (siehe Abbildung 5.5). Je mehr Twitterer sich bei
`tweetranking.com` registrieren und andere empfehlen, desto
aussagekräftiger wird die Liste.

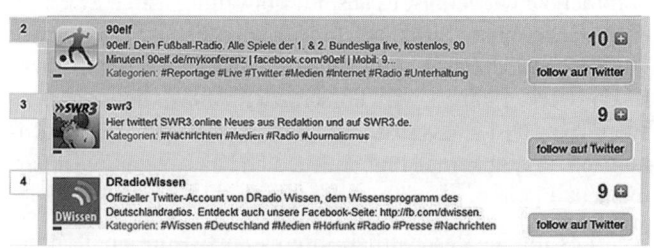

Abbildung 5.5: Spezialsender 90elf landet bei Tweetranking vor
den Öffentlich-Rechtlichen.

Übrigens können Sie sich mit Ihren Twitterdaten auch bei
Tweetranking einloggen. Hinter den dort gelisteten Twitterern ist der Button FOLLOW AUF TWITTER zu sehen, den Sie
anklicken können. Das ist praktisch, denn so haben Sie die
Möglichkeit, jemandem direkt zu folgen, ohne erst zur persönlichen Twitterseite desjenigen zu surfen. Je einfacher, desto besser …

Wie komme ich in ein Twitterverzeichnis?

Das Funktionsprinzip von `Tweetranking.com` macht es unmöglich, sich selbst auf die Liste zu setzen. Um hier zu landen, müssen Sie Ihre treuen Follower dazu bewegen, sich auf
der Site zu registrieren und Ihr Twitterkonto für die richtige
Kategorie zu empfehlen.

Ähnlich funktioniert `Tweepguide.com`. Wenn Sie in die Suchfunktion Ihren Twitternamen eingeben, wird – falls Sie bereits entdeckt wurden – Ihr Tweepguide-Profil angezeigt. Es enthält unter anderem einige statistische Angaben über Ihr Twitterverhalten, und auch die Daten aus Ihrem Twitterprofil finden Sie dort wieder. Um in das Twitterverzeichnis aufgenommen zu werden, ist es absolut notwendig, Ihren Standort einzugeben. Wenn Sie das nicht tun, wird die Site Ihr Twitterprofil nicht indizieren. Aufgrund der Wörter, die Sie in Ihrer Bio verwendet haben, wird entschieden, ob Sie einen Platz in einer Top-100-Liste verdienen. Aber auch das geschieht automatisch, es gibt keine Möglichkeit, sich bei Tweepguide anzumelden.

Wenn es für Sie geschäftlich interessant ist, in ein Twitterverzeichnis aufgenommen zu werden, empfiehlt es sich, einmal zu überlegen, wie die Leute Ihr Unternehmen oder Ihr Produkt nennen. Wählen Sie die Stichwörter für Ihr Profil möglichst sinnvoll, nur dann werden Sie gezielt gesucht und gefunden.

Darüber hinaus gibt es Twitterverzeichnisse für bestimmte Branchen, vor allem jene, die im Internet ohnehin stark vertreten sind – IT, Medien, PR und Ähnliches. Diese entstehen häufig auf Anregung von Bloggern zu den jeweiligen Themen; wer sich anmelden möchte, sollte mit den Betreibern Kontakt aufnehmen. Bekannte Beispiele sind das Twitterverzeichnis »Literatur und Journalismus« im Autorenblog von Petra A. Bauer (writingwoman) und das Twitterverzeichnis für Fotografen von Olaf Bathge.

Natürlich versuchen auch auf diesem Gebiet windige Geschäftsleute ihr Glück und bitten für Einträge in weitgehend leere oder von Erotik-Adressen dominierte Verzeichnisse zur Kasse. Dass Sie um diese einen möglichst großen Bogen machen, versteht sich von selbst.

Verfolgt werden 6

Inzwischen wissen Sie, wo Sie Follower werden können. Sie folgen jetzt Ihren twitternden Freunden und Bekannten, und auch Ihr Lieblingsschauspieler, -popstar oder -sportler taucht in Ihrer Timeline auf. Außerdem folgen Sie Zeitungen, Zeitschriften und Fernsehsendern. Aber wer folgt Ihren Aktivitäten auf Twitter?

Keine Einbahnstraße

Es wurde auf diesen Seiten schon ein paarmal erwähnt: Twitter ist keine Einbahnstraße. Man kann ein Twitterkonto zwar schützen, aber das trifft nicht unbedingt das Wesen von Twitter. Es gehört nun einmal dazu, dass jemand, der Sie überhaupt nicht kennt, aber Ihre Tweets interessant findet, die Möglichkeit hat, Ihnen zu folgen. Es gibt sicher gewisse Lebenssituationen, in denen es ratsam ist, Twitter zu schützen, aber vorzugsweise sollte Ihr Account offen bleiben. Je mehr Leute, desto mehr Spaß, auch bei Twitter. Also geht es jetzt darum, eine größere Anzahl Twitterer für Ihr Konto zu begeistern.

 Bitte nicht! Spam gibt es auch bei Twitter. Alle möglichen Dienste versprechen Ihnen Hunderte von neuen Followern, aber nicht etwa, um Ihrem einsamen Twitter-Dasein einen Sinn zu geben. Diese

Anbieter wollen vielmehr auf ihre – oft fragwürdigen – Websites aufmerksam machen, um letzten Endes Geld damit zu verdienen. Oft leiten diese Dienste Sie auf Websites mit pornografischem Inhalt, und manchmal werden sogar Tweets oder Direktnachrichten an Ihre Follower verschickt, ohne dass Sie es erfahren. Darüber ist niemand erfreut, und im Handumdrehen verabschieden sich die Twitterer von Ihnen.

Sorgen Sie dafür, dass Ihnen Leute folgen, die sich wirklich für Ihre Tweets interessieren. Ob privat oder geschäftlich macht dabei keinen Unterschied.

Pimp my Twitter

Machen Sie Ihr Konto so attraktiv wie möglich. Falls jemand zufällig auf Ihrer Twitterseite landet, sollten Sie demjenigen einen Grund geben, länger zu bleiben. Hier kommt eine Checkliste, um Ihre Twitterseite so interessant wie möglich zu machen:

✔ Legen Sie einen Hintergrund an.

✔ Laden Sie ein Foto hoch.

✔ Teilen Sie mit, in welchem Ort Sie wohnen.

Legen Sie einen Hintergrund an

Wenn Leute auf Ihrer Twitterseite ankommen, haben sie die Wahl, ob sie Ihnen folgen oder nicht. Vor allem wenn Sie auch geschäftlich twittern, ist es wichtig daran zu denken, dass die erste Begegnung mit Ihrem Produkt von entscheidender Bedeutung ist. Ein Standardhintergrund macht natürlich am wenigsten Arbeit, verrät aber nicht unbedingt Originalität.

Im Internet finden Sie Seiten mit Vorlagen, sogenannten Templates, mit denen Sie ganz leicht Ihren eigenen Hintergrund entwerfen können, zum Beispiel auf www.freetwitterdesigner.com. Lassen Sie Ihrer Fantasie freien Lauf. Verwenden Sie ein schönes eigenes Foto als Hintergrund, oder bilden Sie ein Stillleben aus Dingen, die typisch für Sie sind. Suchen Sie ein Foto aus einer frei verwendbaren Sammlung und kombinieren Sie es mit Porträts von sich selbst und Ihrer Familie. Wenn Twitter Ihre persönliche Sache ist, dann sollte auch Ihr Twitterhintergrund persönlich sein (siehe Abbildung 6.1).

Wenn Sie über Twitter Ihr Produkt an den Mann bringen wollen, liegt es auf der Hand, ein Foto davon zu verwenden. Sie können aber auch das Corporate Design Ihres Unternehmens verwenden, um Ihre geschäftliche Twitterseite so attraktiv wie möglich zu machen.

Laden Sie ein Foto hoch

Es klingt vielleicht trivial, aber Ihre Twitterseite wird gleich viel interessanter für potenzielle Follower, wenn sie wissen, welches Gesicht dazugehört. Ihre Tweets wirken ansprechender, wenn Ihr Foto danebensteht. Ein Foto hochzuladen, ist also das Mindeste, was Sie tun können. Selbst wenn Ihnen der Gedanke nicht behagt, Ihr Fotoalbum mit dem Rest der Welt zu teilen, ist es ratsam, auf Ihrer Twitterseite doch ein Foto von sich sehen zu lassen.

Auch ein Unternehmenslogo kann an dieser Stelle nützlich sein. Ihre geschäftliche Twitterseite wird attraktiver, wenn Ihr

Logo als Profilfoto fungiert. Lassen Sie Ihren Grafiker not-
falls eine kleinere Version oder einen Ausschnitt davon herstellen, damit der relativ kleine Platz für das Porträtfoto doch
wirkungsvoll mit Ihrem Logo ausgefüllt wird.

Abbildung 6.1: Viel Platz bleibt nicht, trotzdem können Sie Ihren
Twitterhintergrund individuell gestalten.

Teilen Sie mit, in welchem Ort Sie wohnen

Aus verschiedenen Gründen ist es nützlich, über Twitter mitzuteilen, in welcher Stadt oder Region Sie leben. Dienste wie
Tweepguide brauchen diese Information, um Sie zu indizieren, Ihr Wohnort kann aber auch für manche Menschen ein
Grund sein, Ihnen zu folgen. Ein Webdesigner im hohen Nor-
den ist für einen badischen Unternehmer, der eine neue Website braucht, weniger interessant. Wenn sich dagegen heraus-
stellt, dass dieser eine tolle Webdesigner gerade um die Ecke
wohnt, ist der Kontakt schnell aufgebaut. Dass Sie auf Twitter
nicht Ihre vollständige Adresse bekanntgeben, ist selbstverständlich, wenn Sie aber auf Twitter melden, dass Sie in Köln
wohnen, wird das Ihre Privatsphäre kaum beeinträchtigen.

Wie andere Leute Sie sehen

Im vorherigen Kapitel haben Sie von Tweetranking und
Tweepguide erfahren, zwei praktischen Möglichkeiten, neue,
interessante Konten zu finden, denen Sie folgen können. Sie
können darin gezielt suchen. Die Verzeichnisse sind in In-
teressengebiete unterteilt, und damit ist es ein Kinderspiel,
Menschen zu finden, die Ihre Interessen teilen. Praktischer-
weise machen Sie sich dabei klar, dass andere Twitterer ebenso auf die Suche nach Ihnen gehen. Deshalb ist es wichtig,
dass Sie Ihre Bio so ausfüllen, dass sie unter den Millionen
anderen Twitterern leicht zu finden ist. Dabei ist es nicht immer hilfreich, die Tätigkeit Ihres Unternehmens zu nennen;
manchmal lohnt es sich eher, das Produkt zu umschreiben.
Zu Anfang habe ich die Zeitarbeitsfirma erwähnt, für die es
günstiger ist, die Wörter »Arbeit« oder »Jobs« in ihrer Bio zu
verwenden, anstelle von »Arbeitnehmerüberlassung«. Wenn
Sie einen nach Maß gefertigten Bücherschrank bestellen wol-

len, suchen Sie besser nach »Schrank« als nach »Schreinerei«. Es gibt noch weitere solcher Beispiele, aber Ihnen fallen bestimmt sogar noch mehr ein. Nur Sie wissen genau, welche Wünsche Ihre Kunden haben, was für Menschen sie sind und was sie vermutlich suchen. Und wenn nicht? Fragen Sie einfach. Über Twitter!

Was soll ich denn auf Twitter schreiben?

Diese oft gestellte Frage kann eigentlich niemand für Sie beantworten. Menschen twittern über das, was sie beschäftigt. Das können alltägliche Dinge sein, aber auch Sachen, die mit Ihrer Arbeit, dem Sport oder Hobby zu tun haben. Niemand erwartet, dass Sie mit Ihren Tweets den Hunger in der Welt abschaffen oder für den Weltfrieden sorgen. Sie sind neugierig auf die Dinge, die Sie faszinieren, und darüber sollten Sie twittern (siehe Abbildung 6.2).

> **doppelter Espresso mit braunem Zucker und Milchmädchen. (süß-süß -süüüüß!) Es gibt noch Hoffnung.**
>
> 30 Aug. via web
>
> ☆ Als Favorit markieren ↻ Retweet ↩ Antworten

Abbildung 6.2: Die Leute twittern über das, was sie beschäftigt.

Wenn Sie sich umschauen, werden Sie feststellen, dass Twitterer auf diese Art von sich hören lassen. Vor allem die Privat-Twitterer haben vorher keine Richtlinien festgelegt, was sie alles in die Twittersphäre schicken. Sie twittern, was ihnen in den Sinn kommt, und das ist gerade das Spannende an Twitter. Und – wie schon gesagt – entfolgen ist genauso einfach wie folgen.

In der Praxis gibt es ebenso viele Arten zu twittern wie Twitterer. Der eine packt in seine 140 Zeichen gern einen knackigen Einzeiler, der andere kann es nicht lassen, sich darüber zu beschweren, dass sein Zug schon wieder Verspätung hat. Alltägliche Dinge eben.

Twitter und Ihr Blog

Viele Blogger setzen Twitter ein, um Leser zu ihren Blogs zu locken. Diese Methode ist sehr effizient und lässt sich privat wie auch geschäftlich nutzen. Die Verbindung zwischen einem Twitterkonto und einem Weblog ist schnell hergestellt. Das Ergebnis sind höhere Besucherzahlen auf Ihrer Site und womöglich mehr Interaktion mit Ihren Lesern.

Weiter unten lesen Sie, wie Sie Twitter für ein erfolgreiches Blog einsetzen können.

Am Anfang dieses Buches haben wir Twitter als Mikroblog definiert. Der Witz dabei ist die Begrenzung auf 140 Zeichen, in denen Sie der Welt mitteilen können, was Sie auf dem Herzen haben. Twitter ist also sozusagen die kleine Schwester des Weblogs, eine Art Online-Tagebuch, in dem Sie über alles schreiben können, was Sie beschäftigt.

 Wordpress und Blogger sind die beliebtesten Systeme, mit denen Sie ein Blog selbst einrichten und unterhalten können. Früher war das eine komplizierte Sache und nur etwas für Profis, aber heute kann jeder durchschnittliche Computerbenutzer ein Blog starten, das auch noch superschick aussieht.

Bei beiden Systemen hat der Blogger ein riesiges Sortiment Standarddesigns zur Auswahl, die nach eigenem Gutdünken verwendet, bearbeitet und personalisiert werden können. So erschaffen Sie im Handumdrehen eine wunderbare Website, auf der Sie nach Herzenslust über Ihr Produkt, Ihre Dienstleistung, Ihr Hobby, Ihre (Enkel-)Kinder oder was auch immer schreiben können. Gefallen Ihnen die Vorlagen der beiden Blogdienste nicht, gibt es noch unzählige andere Designdateien, die von Dritten entwickelt wurden. Viele davon sind gratis, manche kosten ein paar Euro. Fest steht, dass es fast nicht mehr nötig ist, selbst etwas zu entwerfen.

Surfen Sie für weitere Informationen über diese Dienste zu www.wordpress.com oder www.blogger.com.

Ihr Blog sieht viel professioneller aus, wenn Sie es mit dem Namen Ihres Unternehmens verbinden. Eine URL wie janssenstoffeundgardinen.wordpress.com ist weniger ansprechend als www.janssenstoffeundgardinen.de. Heutzutage können Sie schon für knapp zehn Euro pro Jahr eine Domain belegen, die Sie dann mit Ihrem Blog verbinden. Dadurch bleibt die lange URL des Blogdienstes unsichtbar, und der Name Ihres Unternehmens erscheint direkt im Browserfenster des Kunden.

Tippen Sie den Titel Ihrer Blogposts in Twitter ein. Achten Sie aber darauf, einen Hinweis einzufügen, dass es sich wirklich um einen Blogeintrag von Ihnen handelt und nicht etwa um einen Link zu einer Zeitung oder Zeitschrift. Hier ein Beispiel:

»RaymondJanssen Neu im Blog: Wie schreibe ich
einen Mini-Dummie. http://bit.ly/dmcqU3
#dummie #buch #twitter«

Ihre Follower sehen dann gleich, dass Sie selbst in die Tasten
gehauen haben und einen Blogeintrag verfasst haben. Denken Sie auch daran, den Tweet mit Hashtags zu versehen.
Dann können auch Menschen, die Ihnen nicht folgen, aber –
um beim Beispiel zu bleiben – Tweets über diese Buchreihe
suchen, Ihren Blogeintrag finden. Auch dabei gilt immer: Je
mehr Leute, desto mehr Spaß.

Um die Twitterer tatsächlich auf Ihren Blog zu bekommen, ist es natürlich wichtig, dass Sie in Ihrem Tweet eine
URL angeben. Das kann die Homepage sein, zum Beispiel
www.werkenmetsocialmedia.nl. Das ist möglich, wenn Sie
auf die neuesten Veränderungen der Site hinweisen wollen.
Die stehen schließlich immer oben. Wollen Sie aber auf einen älteren Artikel der Site verweisen, genügt es nicht, die
Domain zu nennen. Das bringt Ihre Follower nur bis zur
Haustür, aber nicht an die Stelle, wohin Sie sie locken wollen. Dazu ist es wichtig, Ihren Followern die unverwechsel-
bare URL des betreffenden Blogeintrags mitzuteilen.

 URL kopieren. Wenn Sie mit der rechten Maustaste
(Windows) auf einen Hyperlink klicken, öffnet sich
ein Kontextmenü, in dem Sie unter anderem die
Option finden, die Linkadresse zu kopieren. Bei
Apple-Computern erreichen Sie mit dem Control-
Klick dasselbe Ergebnis.

Kurze URL. Verwenden Sie immer einen URL-
Verkürzer. Damit können Sie die oft ellenlangen
URLs leicht und schnell kürzen. Wenn Sie nach
dem Begriff »URL shortener« suchen, finden Sie
eine ausführliche Liste diverser Websites, die diesen
Dienst gratis anbieten. Für fast alle gängigen Browser
sind auch entsprechende Add-ons verfügbar. Das sind
Hilfsprogramme, mit denen Sie eine URL direkt
kürzen können, ohne dass Sie dazu auf die Website
des Kurz-URL-Dienstes ausweichen müssen. Das ist
recht praktisch, vor allem, wenn Sie viel bloggen.
Auch wenn Sie gern Presseberichte mit anderen
teilen, ist so ein Verkürzer recht praktisch.

Wenn Sie Ihre Tweets auf diese Weise aufbauen, werden Sie
bald feststellen, dass auf Ihrer Site mehr und mehr Betrieb
herrscht. Sowohl Wordpress als auch Blogger bieten Möglichkeiten, die Besucherzahlen auf Ihrem Blog mithilfe der Site-
stats im Auge zu behalten. Hier können Sie detailliert ablesen,
auf welchem Weg Leser zu Ihrem Blog gefunden haben, wie
spät und sogar mit welchem Browser oder welchem Betriebssystem.

Zeit für Twitter

Es kann interessant sein, eine Zeitlang diese Statistik zu beobachten. Daraus können Sie zum Beispiel ablesen, was die
beste Zeit ist, um Tweets mit einem Link zu Ihrem Blog zu
veröffentlichen. Etwa um halb elf nehmen sich viele Zeit für
eine Tasse Kaffee und ein bisschen Surfen zum Spaß. Für Ihre
geschäftlichen Tweets ist diese Zeit vielleicht nicht ideal. Pri-
vat-Tweets dagegen werden dann vermutlich gerade gern gelesen. Auch Freitagmittag ist kein guter Zeitpunkt für Tweets.

Viele Leute haben dann frei oder sind mit dem TGIF-Drink beschäftigt (tgif).

Buttons

Vielleicht sind sie Ihnen schon aufgefallen: die lustig bunten Follow-me-Icons mit einem Link zu einer Twitterseite.

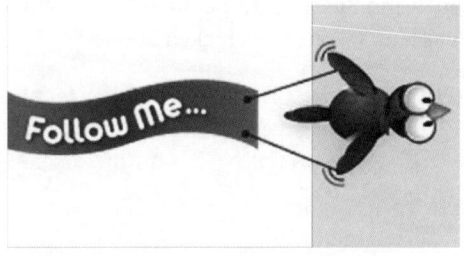

Abbildung 6.3: Ein Button hilft Ihnen, mehr Follower zu finden.

Sie werden staunen, wie leicht Sie dieses Icon selbst in Ihr Blog einbauen können. Viele Twitterer kommen nämlich auf diese Weise an Follower. Vielleicht haben Sie selbst schon mit diesem Link einen Twitterer gefunden, dem Sie folgen wollen. Auf Websites wie Twitterbuttons.com finden Sie eine große Auswahl an Buttons samt dem richtigen HTML-Code. Diesen Code können Sie kopieren und in ein separates HTML-Fenster in der Verwaltungsseite Ihres Blogs einfügen. Denken Sie daran, erst Ihren Twitternamen einzugeben, sonst generiert Twitterbuttons.com den falschen Code.

Jetzt brauchen Sie nur noch Geduld. Nach und nach werden die Leute, die Sie eingeladen haben, auf Ihre Nachricht reagieren, und auch spontan werden sich Leute melden, die Ihren Tweets folgen. Wenn Sie nach einer Weile ins Stocken geraten oder wenn Sie noch mehr und anderen Leuten folgen möchten, wiederholen Sie ruhig ein paar Schritte aus dem vorherigen Kapitel. So bleibt das Twittern spannend, und Sie werden merken, dass ein sehr interessantes Netzwerk entstanden ist. Dass Twitter noch lustiger wird, wenn Sie nicht nur am Schreibtisch, sondern auch unterwegs twittern, lesen Sie im folgenden Kapitel. Darin wird behandelt, worauf Sie achten müssen, wenn Sie das Internet mobil nutzen, und wie Sie auch außer Haus Tweets verschicken können.

In diesem Kapitel lernen Sie die Wunderwelt des mobilen Internets kennen. Wenn Sie nämlich nicht nur zu Hause, sondern auch unterwegs Ihre Follower mit spannenden, interessanten, faszinierenden Tweets verwöhnen, wird es für sie noch schöner, Ihnen zu folgen. Dazu brauchen Sie ein Mobiltelefon mit Internetzugang. Auch die richtige Software spielt eine Rolle.

Mobiles Internet

Als das Internet in den frühen Neunzigern aufkam, konnte sich noch niemand vorstellen, dass keine zwanzig Jahre später viele von uns mit dem Smartphone an jedem beliebigen Ort im Internet würde surfen können. Die langsamen Modems, die nötig waren, um über die Telefonleitung ins Internet zu kommen, sind nicht zu vergleichen mit dem superschnellen UMTS- oder LTE-Netz, das wir heutzutage verwenden. Aber nicht nur Smartphones können drahtlos im Internet surfen. Auch diverse neue Tablets, das bekannteste dürfte das iPad von Apple sein, können ohne Kabel oder eigenen Internetanschluss mit dem Web Verbindung aufnehmen. Der Einfachheit halber schreibe ich weiterhin vom Telefon, Sie wissen ja, welche Geräte auch gemeint sein können.

Zwei Arten

Kurz gesagt gibt es zwei Arten, drahtlos im Internet zu surfen (und damit auch zu twittern, davon später mehr). Die erste Möglichkeit ist über Wi-Fi (Wireless Fidelity), auch WLAN (Wireless Local Area Network) genannt. WLAN ist nichts anderes als eine drahtlose Verbindung zu einem Router. Je nach Stärke des Routers hat WLAN eine Reichweite von vielleicht ein paar Dutzend Metern. Viele Haushalte nutzen es bereits, vor allem in Verbindung mit einem Laptop, der dann in verschiedenen Räumen im Haus einsetzbar ist. Desktop-Rechner sind meist noch über ein Netzwerkkabel mit dem Router verbunden. Denken Sie daran, dass Surfen über WLAN fast immer eine geringere Signalstärke hat im Vergleich zum Netzwerkkabel.

Derzeit bieten auch viele Gastronomiebetriebe ihren Kunden WLAN an. In Cafés oder Bistros finden oft Besprechungen und Meetings statt, bei denen eine Internetverbindung sehr praktisch sein kann. Manchmal erhalten Sie, wenn Sie einen Kaffee bestellen, einen Zettel mit dem Passwort für den Internetzugang. Manchmal ist das Netzwerk auch einfach offen. Eine einfache Suche nach einem Drahtlosnetzwerk mit dem Laptop oder Handy zeigt Ihnen oft schnell die Verbindung an, mit der Sie bei einer Tasse Kaffee auf der Terrasse surfen und twittern können. Auch auf einem Festivalgelände oder bei Großveranstaltungen ist immer öfter WLAN verfügbar.

Drahtloses Internet ist auch als mobiler Dienst verfügbar. Genau wie Sie mit Ihrem GSM-Telefon mobil telefonieren können, stellen Telekommunikationsanbieter inzwischen auch Abonnements für mobile Datennetze bereit. Über diese Netzwerke können Sie an jedem denkbaren Ort, also auch ohne WLAN, mit dem Handy oder Tablet-PC online gehen. Es würde zu weit führen, eine Übersicht der sich ständig verändernden Tarife der Telekom-Anbieter zu erstellen, aber für einen Betrag von fünf bis zehn Euro pro Monat können Sie schon recht ausgiebig mobil surfen. WLAN-Hotspots, kostenpflichtige WLAN-Angebote, die zum Beispiel an Bahnhöfen oder bei McDonalds zu finden sind, kosten etwa fünf bis zehn Euro pro Stunde. Die gängigste Version des mobilen Internet sind 3G-Netze. Die Download-Geschwindigkeit dieser Verbindungen liegt zwischen 384 kb pro Sekunde und 1,8 Megabit pro Sekunde.

Es ist ratsam, die Angebote Ihres eigenen Telekom-Dienstleisters zu studieren, wenn Sie darüber nachdenken, ins mobile Internet einzusteigen. Weil viele Mobiltelefonierer regelmäßig den Anbieter wechseln, neigen Telekom-Unternehmen oft dazu, Kunden mit interessanten Angeboten für längere Zeit an sich zu binden. Das können Sie nutzen, vor allem, wenn Sie ein anderes Handy brauchen, um mobil surfen zu können. Dazu eignen sich nämlich nicht alle Modelle.

Smartphones

Zurzeit gibt es vier beliebte Smartphone-Typen. Das heißt: Vor allem drei mobile Betriebssysteme werden für Mobiltelefone verwendet.

Das erste wäre das mobile Betriebssystem von Apple, das Sie vermutlich vom iPhone kennen (siehe Abbildung 7.1). Dieses Gerät, das das Internet erst richtig mobil machte, ist inzwischen in der vierten Generation angekommen. Das Betriebssystem iOS ist nur auf den Apple-Handys in Gebrauch.

Abbildung 7.1: Das iPhone ist wohl eines der beliebtesten
Smartphones überhaupt.

Auch Blackberry ist ein wichtiger Akteur auf dem mobilen In-
ternetmarkt. Hersteller RIM hat diese Geräte mit einem eigenen Blackberry OS ausgestattet. Anfangs war das Blackberry
wirklich ein Business-Werkzeug, inzwischen wird das Gerät
mit vollständiger QWERTZ-Tastatur auch bei anderen Nutzer-
gruppen beliebter.

Sehr beliebt sind Handys mit dem Betriebssystem Android, einem Produkt des Suchmaschinenriesen Google. Verschiedene Hersteller bauen inzwischen Android-Telefone, und dadurch nimmt dieses System einen beachtlichen Platz ein. Auch Microsoft hat mit Windows Phone 7 ein Smartphone-Betriebssystem auf den Markt gebracht, das auch auf unterschiedlichen Geräten angeboten wird.

Mobil twittern

Das mobile Internet hat Twitter noch einmal einen Schub gegeben. Vor allem, weil jedes Smartphone eine Fotokamera (und oft auch eine Videokamera) zu bieten hat, ist es noch interessanter geworden, die Follower auch außer Haus über die eigenen Aktivitäten zu informieren. Auffällige Dinge zu fotografieren, Veranstaltungen oder Unfälle festzuhalten sind nur einige Möglichkeiten beim Twittern mit dem Handy. Auch hier gilt: Lassen Sie Ihrer Fantasie freien Lauf.

Die richtige Software

Bisher haben Sie Twitter nur über die Website Twitter.com verwendet. In diesem Abschnitt werden Sie sehen, dass es auch viele Hilfsprogramme gibt, mit denen Sie effizienter twittern. Diese Hilfsprogramme gibt es auch für verschiedene Mobilgeräte. Man nennt diese Programme auch »Apps«, kurz für »Application«, also Anwendung. Für alle mobilen Betriebssysteme gibt es allerlei Twitter-Apps zum Download, die meisten sogar kostenlos. Welche App Sie zum mobilen Twittern verwenden, ist Geschmackssache. Sie können auch zur mobilen Website von Twitter surfen, aber die Apps sind oft benutzerfreundlicher. Denken Sie daran, dass Sie alles, was Sie normalerweise über die Tastatur Ihres Computers eingeben, jetzt auf dem (mitunter virtuellen) Tastenfeld des Handys tippen müssen.

Apps

Es gibt also verschiedene Twitter-Apps für Ihr Mobiltelefon. Vermutlich die beliebteste ist Tweetdeck; sie ist für alle drei genannten Betriebssysteme erhältlich. Diese App zeigt alle Tweets auf mehrere Kolumnen verteilt. Jede Kolumne ist so groß wie Ihr Bildschirm, und dadurch wird der doch recht begrenzte Platz optimal ausgenutzt. Im nächsten Abschnitt werde ich näher auf die Hilfsprogramme für den Computer eingehen (Tweetdeck gehört auch dazu).

Es gibt auch Apps, die nur für Mobiltelefone erhältlich sind. So lancierte Twitter selbst vor Kurzem eine App fürs iPhone, während am Computer Twitter nur eine Website hat. Auch für das mobile Betriebssystem von Google, Android, gibt es spezielle Twitter-Apps. Ein Beispiel dafür ist Twitdroyd, eine sehr stabile und leicht zu benutzende Twitter-App.

 Apps fürs iPhone können Sie (oft kostenlos) im App Store herunterladen; er dient als Zwischenstation zwischen dem Apple-Rechner und der mobilen Apple-Hardware. Die Blackberry App World ist die Online-Adresse für diese Art von Telefon. Für mobile Anwendungen für Android-Handys müssen Sie den Android Market aufsuchen und für WP7-Smartphones den Windows Phone Marketplace.

Fotos teilen

Ein Foto sagt mehr als tausend Worte. Ich gebe zu, das ist ein alter Spruch, aber es steckt ein Körnchen Wahrheit darin. Die Begrenzung auf 140 Zeichen stellt immer eine Herausforderung dar, kurz und knackig zu formulieren; dagegen sind die Bilder, die manches Foto darstellt, kaum zu beschreiben. Stellen Sie sich das Gesicht Ihres Kindes vor, das sein Geburtstagsgeschenk auspackt. Wäre es nicht schön, dieses Bild gleich mit Ihren Followern zu teilen? Unterwegs stoßen Sie vermutlich oft auf Dinge, die ein Foto wert sind. Diese Fotos können Sie über Twitter leicht teilen. Auch dafür brauchen Sie Software. Manchmal ist sie schon als Standard auf dem Handy installiert, in anderen Fällen müssen Sie selbst etwas herunterladen.

Mobypicture

Auf dem Markt für Anwendungen zum Teilen von Fotos spielt *Mobypicture* eine große Rolle. Dieses ursprünglich niederländische Unternehmen hat eine Website und die dazugehörige App entwickelt, mit der mobile Twitterer ihre Bilder teilen können. Surfen Sie einmal bei www.mobypicture.com vorbei. Auf dieser Site mit dem bekannten Wal erkennen Sie sofort, dass es sich um eine Foto-Site handelt. Aber außer den neuesten Updates von schon vorhandenen Moby-Nutzern sehen Sie, dass die Site eindeutig das »Look and Feel« von Twitter hat (siehe Abbildung 7.2). Die Betreiber der Moby-Site haben sich alle Mühe gegeben, um dafür zu sorgen, dass Sie sich hier zu Hause fühlen. Wenn Sie etwas nach unten scrollen, sehen Sie, dass Mobypicture zahlreiche Social-Web-Sites unterstützt.

Abbildung 7.2: Mobypicture hat eindeutig das »Look and Feel«
von Twitter.

Twitter wird selbstverständlich unterstützt, aber auch andere
beliebte Sites wie Facebook, YouTube oder Flickr können eine
Verbindung zu Mobypicture herstellen. Rechts im Bild sehen
Sie den Button JOIN US NOW!. Sie müssen sich für Moby übrigens nicht neu registrieren. Wenn Sie auf LOGIN klicken, landen Sie auf einer Seite, auf der Sie sich mit Ihren Twitterdaten
bei Mobypicture anmelden können. Diese Login-Methode beruht auf einem System, das auch OpenID genannt wird.

> Jeder kennt das Problem, dass er sich für viele ver-
> schiedene Online-Konten Passwörter merken muss.
> Dazu kommt noch, dass manche Passwörter regel-
> mäßig geändert werden sollen. Da kann es schon

vorkommen, dass man mit einem Mal ein Passwort vergisst.

Um dieses Problem zu lösen, wurde ein System entwickelt, mit dem Sie sich mit einem Nutzernamen, kombiniert mit einem Passwort, bei allen beteiligten Seiten anmelden können: OpenID.

OpenID ist eine Initiative der OpenID Foundation. Diese Stiftung hat ein Login-System entwickelt, bei der sich jede gut funktionierende Website anmelden kann. Wenn eine Site mit OpenID kombiniert wird, hat der Nutzer den Vorteil, dass er sich mit den Daten anderer Websites anmelden kann und sich nicht immer wieder neue Nutzernamen und Passwörter ausdenken muss.

Wenn Sie sich mit Ihren Twitterdaten auf der Site von Mobypictures einloggen, sehen Sie, dass bestimmte Elemente Ihrer Twitterseite auch auf der Moby-Seite auftauchen. Zum Beispiel wird Ihr Profilfoto auch hier sichtbar, ebenso die Stichwörter aus Ihrer Twitter-Bio. Klicken Sie sich einmal durch die Menü-Optionen der Moby-Seite. So zeigt ein Klick auf den Reiter GROUPS, dass es möglich ist, auf dieser Website bestimmte Gruppen einzurichten. Gruppen bei Mobypicture sind nichts anderes als Orte im Internet, wo Fotos mit demselben Hashtag gesammelt und dargestellt werden.

Auch geschäftlich

Das kann auch geschäftlich interessant sein. Nehmen wir an, Sie sind auf einer Messe, wo Sie ein neues Produkt vorstellen. An Ihrem Stand laden Sie die Besucher ein, das Produkt zu fotografieren und das Bild über Moby zu twittern. Wenn

Sie darum bitten, dass jedes Bild einen bestimmten Hashtag bekommt (zum Beispiel #produktname oder abgekürzt #pn), erscheinen alle Fotos in einer Gruppe, die Sie selbst eingerichtet haben. Auch diese Möglichkeit gibt es auf der Seite. Wenn Sie auf CREATE GROUP klicken, werden Sie aufgefordert, einen Namen für die Gruppe vorzuschlagen. Das kann der Name Ihres Unternehmens oder der Ihres Produkts sein. Außerdem müssen Sie einen Titel für die Gruppe eingeben. Danach kommt das wichtigste Feld: Hier müssen Sie den Hashtag für die Fotos festlegen. Der sorgt dafür, dass die Site alle Fotos sortiert und die Fotos von Ihrem Produkt in der richtigen Gruppe anzeigt.

Sie können zum Beispiel für das beste oder originellste Foto einen Preis aussetzen, etwa ein Gratisexemplar des Produkts.

Der Vorteil für Sie besteht darin, dass Sie durch diese Fotos wieder etwas mehr über die Besucher an Ihrem Stand erfahren haben. Sie können sie nämlich alle wiederfinden, durch den Hashtag, den Sie sich ausgedacht haben. Danach können Sie ihnen folgen und hoffen, dass die Besucher nun wieder Ihnen folgen. Früher hatten Sie vielleicht eine Liste am Stand und baten die Besucher, doch ihre Adresse einzutragen, oder Sie haben Visitenkarten getauscht. Diese Methode, den ersten Kontakt mit einem neuen Kunden herzustellen, wirkt gleich viel freundlicher.

Alte Fotos hochladen

Hinter GROUPS sehen Sie den Reiter UPLOAD NOW. Hier können Sie Fotos, die in Ihrem Computer gespeichert sind, in das Netzwerk von Mobypicture hochladen (siehe Abbildung 7.3) Denken Sie aber daran, dass Mobypicture nicht nur eine Fotowebsite ist. Fotos, die Sie auf diese Site laden, erscheinen automatisch als Tweets auf Ihrer Twitterseite. Sie teilen diese Fotos also über Twitter und nutzen dazu das Netzwerk von Mobypicture. Außerdem arbeitet Mobypicture – anders als der Name vermuten lässt – nicht nur mit Fotos. Sie können auch Videos und Audiodateien mit Ihren Followern teilen.

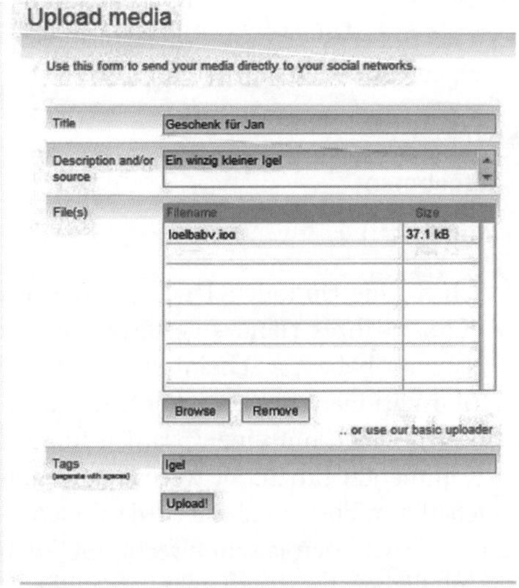

Abbildung 7.3: Fotos hochladen über Mobypicture ist ganz einfach.

Dann folgt der Reiter APPS. Wenn Sie ihn anklicken, sehen Sie, dass die mobile App von Mobypicture für praktisch alle mobilen Plattformen verfügbar ist. Klicken Sie auf das Icon Ihres mobilen Betriebssystems, und Sie erhalten eine Anleitung, wie Sie diese App für Ihr Handy herunterladen.

Moby auf dem Handy

Mobypicture ist also nicht nur im Internet zu erreichen. Auch auf dem Mobiltelefon können Sie die Möglichkeiten nutzen, die Moby Ihnen bietet. Dazu haben Sie nun die App, die zu Ihrem mobilen Betriebssystem passt, heruntergeladen. Sie zu bedienen ist kinderleicht. Wenn Sie unterwegs ein Foto machen wollen, starten Sie nicht die Kamerafunktion Ihres Handys, sondern die App. Auf dem Startbildschirm werden Ihnen drei Optionen zur Auswahl angeboten.

- ✔ Fotografieren
- ✔ Video aufnehmen
- ✔ Audio aufnehmen

Wenn Sie sich für die Optionen 1 oder 2 entscheiden, wird die (Video-)Kamera Ihres Handys gestartet. Sobald Sie eine Aufnahme gemacht haben, erscheint eine Bildschirmmaske, in die Sie Informationen eingeben können. Dabei versehen Sie das Foto oder Video mit einem Namen und fügen eventuell einen Kommentar hinzu. Sie werden auch aufgefordert, Tags einzugeben, um die Aufnahme wiederfinden zu können. Das kennen Sie inzwischen ja schon recht gut. Twitter ist ein Ort für alle möglichen Informationen, zugänglich für jeden, den Sie etwas sehen lassen wollen. Option 3 startet übrigens die Audio-Aufnahmefunktion Ihres Handys. Wenn der Soundschnipsel aufgenommen ist, können Sie ihn auf ähnliche Weise an Ihre Follower weitergeben.

Auf Ihrer Moby-Profilseite finden Sie auch einen Button LAUNCH MOBYMAP. Wenn Sie ihn anklicken, werden von den Fotos, die Sie mit dem Handy knipsen, auch die Standorte angezeigt. Natürlich nur, wenn Sie die GPS-Funktion des Geräts eingeschaltet haben. Auf einer Übersichtskarte wird mit Icons angezeigt, wo ungefähr das Foto gemacht wurde.

Standortbezogene Dienste

Bisher ist Twitter also ein Dienst, mit dem Sie zeigen können, was Sie tun, worüber Sie in Ihrem Blog schreiben und wie Ihre Website aussieht. Mit Tweets, Links zu Blogs, Fotos und Videos können Sie schon ein recht vollständiges Bild Ihres Alltags präsentieren. Trotzdem fehlt noch ein Aspekt von Twitter, der aber in letzter Zeit immer beliebter wurde. Es sind die sogenannten »location based services« (standortbezogene Dienste). Auch das sind wieder mobile Apps, mit denen Sie melden können, wo Sie sich gerade aufhalten. Diese Information können Sie mit Twitter verknüpfen, so wie Sie es auch bei Mobypicture getan haben. Die beiden bekanntesten Apps sind *Foursquare* und *Gowalla* (siehe Abbildung 7.4). Beide sind im Prinzip eigenständige soziale Netzwerke, die Informationen mit Twitter oder Facebook austauschen. Auch dort sammeln Sie Freunde und laden andere ein, Ihre Freunde zu werden.

Ich sag nur Spanferkelbrötchen!!!
(@ Dürener Straßenfest w/ 7
others) 4sq.com/ovukhQ

Abbildung 7.4: Foursquare zeigt Ihren Followern, wo Sie sind.

Foursquare und Gowalla haben zweierlei gemeinsam. Nachdem Sie die App auf Ihrem Handy installiert haben, verwenden Sie sie, um einzuchecken, sobald Sie an einem bestimmten Ort sind. Das bedeutet, dass Sie mithilfe der GPS-Funktion Ihres Handys Ihre Anwesenheit bekanntgeben. Diese Meldung erscheint – natürlich nur, wenn Sie wollen – auf Ihrer Twitterseite. Wie funktioniert das genau?

Nehmen wir an, Sie gehen nach Feierabend mit Ihren Kollegen etwas trinken. Sobald Sie einen Platz im Biergarten gefunden haben, checken Sie ein. Auf Twitter erscheint dann die Nachricht:

> »I am (@Café Anderswo) http://4sq.com/aapf4F.«

Diese Mitteilung wird automatisch generiert. Ihre Follower wissen jetzt, dass Sie kurz einen trinken gegangen sind. Schöner ist es natürlich, wenn Sie der Sache eine persönliche Note geben. Das geht, indem Sie – wie Sie es von Twitter schon gewohnt sind – noch etwas Text hinzufügen. Das könnte dann so aussehen:

> »Auf ein Bier mit den Kollegen (@Café Anderswo)
> http://4sq.com/aapf4F.«

So sieht es schon ziemlich wie Twitter aus. Falls Foursquare in Zukunft vielleicht einmal eine Fotofunktion in die mobile App einbaut, ist die Sache rund. Dann können Sie nicht nur mitteilen, wo Sie gerade sind, sondern das auch noch mit einem Bild des schönen kühlen Bierchens vor Ihnen auf dem Tisch garnieren (es darf natürlich auch ein Glas Rosé sein). Derjenige, der am häufigsten an einem bestimmten Ort eincheckt, wird »Mayor«, also Bürgermeister, dieses Ortes. Außerdem gibt es verschiedene Badges (Abzeichen) zu gewinnen, indem Sie an bestimmten Orten regelmäßig einchecken. Gowalla funktioniert ähnlich. Auch mit dieser App können Sie an bestimmten Standorten einchecken und damit Stamps und Pins verdienen.

Friendticker

Friendticker ist ein weiterer Mitspieler auf dem Feld der standortbezogenen Dienste wie Foursquare oder Gowalla. Auch bei diesem Dienst ist die Verbindung zu anderen Social-Media-Websites möglich. Check-Ins werden nach Wunsch auch bei den VZ-Netzwerken, Facebook und Twitter bekanntgegeben. Wer hier besonders häufig an einem Ort eincheckt, wird nicht nur Bürgermeister, sondern gleich Präsident. Entsprechend hat Friendticker auch das Prinzip der Sonderangebote – siehe nächster Abschnitt – noch einen Schritt weitergeführt. Beim Einchecken geht es nicht nur um virtuelle Badges und kleine Vergünstigungen in der Gastronomie, sondern um Gutscheine und Geschenke bekannter Marken. Bisher steht Friendticker für das iPhone und für Android zur Verfügung – wenn es nicht gerade wegen Serverproblemen ohnehin nicht zu erreichen ist. Das ist natürlich schade, denn die Erfahrung zeigt, dass Nutzer nicht allzu oft auf Websites zurückkehren, wo sie nicht gleich bekommen, was sie wollen.

Sonderangebote

Standortbezogene Dienste sind geschäftlich besonders interessant, vor allem in der Gastronomie. Foursquare bietet seinen Firmennutzern verschiedene Optionen zur Auswahl, mit denen sie unterschiedliche Kundengruppen ansprechen können. Ein Beispiel ist die Kochwerkstatt KanTina in München. Dieses kleine Restaurant gehört der Gastronomin Tina Meister, die nicht nur bei Foursquare online aktiv ist. Sie bietet dem Mayor, also dem häufigsten Besucher ihrer Foursquare-Seite ein Dessert oder einen Espresso zum Essen gratis an.

Solche Aktionen kosten praktisch nichts an Organisation und positionieren ein Unternehmen sofort in der Social-Media-Welt. Sonderangebote für Foursquare-Gäste wirken sehr anregend. Das Wettkampfelement lockt sie ins Lokal, vor allem, wenn sie dabei noch eine Sonderbehandlung bekommen. Es gibt schon Unternehmen, deren Mitarbeiter an der Bar durchgehend die Foursquare-Website geöffnet haben, um zu sehen, wann jemand eincheckt. Wird dieser Gast dann auch noch gleich mit seinem Namen begrüßt, wenn er sein erstes Gratisgetränk in Empfang nimmt, ist der Abend gerettet. Sie können sicher sein, dass er dieses Unternehmen regelmäßig bei anderen erwähnen wird. Das ist kostenlose Werbung aus der obersten Schublade.

 Links in diesem Kapitel:

www.mobypicture.com

www.foursquare.com

http://gowalla.com

http://de.friendticker.com

Komfort dient den Menschen 8

Irgendwo am Anfang dieses Buches habe ich es bereits geschrieben: Im Prinzip ist Twitter nicht mehr als eine Website – allerdings eine, auf der viel Betrieb herrscht. Oft braucht man einen ziemlich festen Stand, um nicht unter die Twitter-Räder zu kommen. Es gibt Tage, da scheint Twitter aus allen Nähten zu platzen. Die Popularität der Site nimmt dementsprechend immer weiter zu. In den USA ist Twitter so bekannt wie Facebook. Die Nutzung von Twitter hinkt allerdings noch hinterher. Das zeigte eine Untersuchung des amerikanischen Instituts Edison Research. Inzwischen kennen 87 Prozent der Amerikaner Twitter, während im Jahr davor nur etwas mehr als ein Viertel der Amerikaner überhaupt etwas von Twitter gehört hatte. Facebook ist übrigens in den USA immer noch der Spitzenreiter. Fast die Hälfte aller Amerikaner ist auf Facebook aktiv.

 Twitter läuft allerdings nicht immer reibungslos. Alle, die öfter bei Twitter vorbeischauen, haben sicher schon einmal den Fail Whale gesehen, also das Bild mit dem Wal, das erscheint, wenn Twitter überlastet ist. Oft wird dann mitgeteilt, dass Twitter »over capacity« ist.

Dass Twitter trotzdem so beliebt ist und immer noch beliebter wird, kann deshalb als kleines Wunder gelten. Nicht zuletzt, weil die Funktionalität der Twitter-Website hier und da doch einiges zu wünschen übrig lässt. Natürlich kann man Tweets posten, aber Twitterer, die mehr wollen als das, haben schnell Bedarf an anderen Dingen.

Die Site

Die Website `www.twitter.com` erfüllt also die Grundbedürfnisse im Twitter-Universum. Das Fenster, in das Sie 140 Zeichen Text eintragen können, sorgt dafür, dass Ihr Tweet auf Twitter erscheint. Antworten auf die Tweets anderer zu verschicken, klappt auch. Dafür gibt es den Button ANTWORTEN, und dazu noch den RETWEET-Button, mit dem Sie Tweets anderer Leute weiterreichen können. Hier zeigt sich schon die erste Einschränkung. Retweeten kann man nur, ohne den betreffenden Tweet mit einem Kommentar zu versehen. Wollen Sie hingegen etwas zu diesem Tweet sagen, bleibt Ihnen nichts anderes übrig, als den gesamten Tweet zu kopieren, »RT« anzuhängen und dann noch Ihre Anmerkungen dazu zu tippen. Das ist doch ein wenig umständlich.

Auch die Suche mithilfe der Hashtags hat ihre Grenzen auf Twitter.com. Darüber hinaus können Sie noch das Suchfenster nutzen. Tippen Sie den Suchbegriff ein, und schon wird das Ergebnis angezeigt. Dafür verschwinden alle anderen Tweets. Die Site kann nur eine Timeline gleichzeitig wiedergeben.

Vor allem, wenn Sie mehr als ein Twitterkonto betreiben, ist es so gut wie unmöglich, alles von der Website aus zu erledigen. Sie können schließlich immer nur auf einem Kon-

to eingeloggt sein. Zum Glück gibt es im Internet unzählige Hilfsprogramme, die Ihnen das Leben leichter machen.
Die meisten davon sind kostenlos, solange es sich nicht um
eine geschäftlich genutzte Version handelt. Manche funktio-
nieren auch über das Internet, diese können Sie dann über
Ihren Browser bedienen. Andere sind echte Programme, die
Sie herunterladen und installieren müssen. Die meisten Hilfsprogramme sind sowohl für Windows- als auch für Apple-
Rechner verfügbar, und oft gibt es dazu noch eine mobile App
für Ihr Handy. Das ist recht praktisch, denn dann können Sie
in jeder Umgebung mit demselben Programm arbeiten.

 Ein häufig verwendetes Twitterprogramm ist Tweetdeck. Tweetdeck ist, wie die Website mitteilt, für
Desktop-Rechner, iPhone und iPad erhältlich. Die
iPad-Version ist eine Ausnahme. Noch haben nicht
viele Entwickler Apps für das neue Tablet von Apple
im Angebot.

Tweetdeck

Tweetdeck ist ein besonders benutzerfreundliches Twitterprogramm, das ziemlich komplett ausgestattet ist (siehe Abbildung 8.1). Das Interface ist in eine nicht festgelegte Anzahl
Spalten aufgeteilt, die Sie jeweils nach eigenem Geschmack
einrichten können. So erhalten Sie eine einfache und vollkommen personalisierte Twitter-App.

Die erste Spalte entspricht etwa der Timeline, die Sie auf
`Twitter.com` sehen. Darin werden alle Tweets der Twitterer,
denen Sie folgen, angezeigt.

In der zweiten Spalte erscheinen automatisch alle »Erwähnungen«, also Tweets, in denen Ihr Twittername vorkommt.

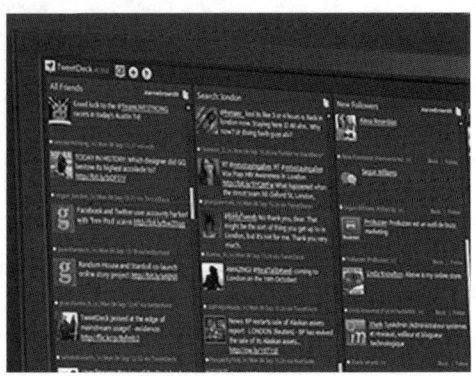

Abbildung 8.1: Mit Tweetdeck können Sie viel effizienter twittern.

Das sind zum einen Antworten, es können aber auch Tweets sein, in denen Ihr Name nur erwähnt wird.

Eine dritte Spalte könnte alle neuen Follower anzeigen. So sehen Sie auf einen Blick, welche Twitterer jetzt zu Ihren Followern gehören, samt den dazugehörigen Biografien und Fotos. Von dieser Spalte aus können Sie diesen neuen Followern direkt ebenfalls folgen oder aber sie blockieren, wenn Sie dazu einen Grund sehen. Die vierte Spalte zeigt alle Direktnachrichten (DN), die Sie erhalten.

Sic werden schnell merken, dass Sie mithilfe von Tweetdeck viel effizienter twittern können. Eine sehr praktische Ergänzung ist die Möglichkeit, auch Facebook, LinkedIn, MySpace und Foursquare mit Tweetdeck zu verknüpfen. Auf diese Art können Sie auf Wunsch Ihre Tweets nicht nur auf Twitter, sondern auch auf einem der anderen genannten Netzwerke posten. Die neueste Version von Tweetdeck bietet Ihnen übrigens auch die Möglichkeit, bei den Tweets Ihren Standort anzugeben. Auf diese Weise können Ihre Follower auch sehen, wo Sie sich gerade aufhalten. Auch bei Foursquare können Sie über Tweetdeck einchecken.

 Außerdem ist es möglich, ein zweites Twitterkonto über Tweetdeck zu verwalten. Mit einem Knopfdruck aktivieren Sie dieses Konto und können dann über denselben Bildschirm mit dem gleichen Komfort Tweets für Ihr Privat- und Ihr Unternehmenskonto posten. Der Nachteil ist allerdings, dass das Hauptkonto, also dasjenige, das Sie als Erstes bei Tweetdeck angelegt haben, immer sichtbar bleibt, auch wenn Sie ein anderes aktivieren.

Hootsuite

Bei Anwendungen wie *Hootsuite* ist das anders. Viele Funktionen von Tweetdeck finden Sie auch bei Hootsuite. Dieses Programm können Sie online verwenden, aber auch auf Ihrem Computer installieren. In beiden Fällen müssen Sie sich einmal einloggen, dann erscheinen alle in Hootsuite installierten Twitterkonten automatisch (siehe Abbildung 8.2). In Hootsuite können Sie also sehr wohl von einem Konto ins andere wechseln und dabei alle Spalten des betreffenden Kontos sehen.

Das funktioniert so: Auch in Hootsuite sehen Sie mehrere Spalten in einer Übersicht, die Sie selbst definieren können. Die Twitterer, denen Sie privat folgen, erscheinen also, wenn Sie Ihr Privatkonto aktivieren, ebenso die Spalte mit Erwähnungen und Ihre Direktnachrichten. Wenn Sie jetzt zum Beispiel zu Ihrem Unternehmens-Account wechseln, ändert sich auch der Inhalt dieser Spalten. Sie sehen dann also die Tweets, in denen Ihr geschäftlicher Twittername genannt wird, und können die DN lesen, die Sie auf diesem Konto erhalten haben.

Abbildung 8.2: Mit Hootsuite können Sie verschiedene Twitterkonten verwalten.

Das Design von Hootsuite ist weniger knallig als bei Tweetdeck, bietet aber doch einen deutlichen Vorteil gegenüber diesem Paket. Übrigens ist Tweetdeck nur fürs iPhone erhältlich, von Hootsuite dagegen gibt es außerdem Versionen für Blackberry und Android. Der Vorteil von Tweetdeck ist die Möglichkeit, Pop-ups einzuschalten. Dann öffnet sich auf Ihrem Bildschirm ein Fenster, sobald ein neuer Tweet erscheint. Auch Erwähnungen und DN werden auf diesem Weg angekündigt, ebenso neue Follower.

Vor allem für Business-Twitterer ist Hootsuite interessant. Sie können mit dieser Software nicht nur leicht zwischen den Konten hin- und herschalten. Eine andere tolle Funktion ist die Möglichkeit, Tweets vorzubereiten und zu einem späteren, geplanten Zeitpunkt zu posten. So können Sie zum Beispiel jeden Morgen zu einer bestimmten Zeit einen Link zu einem neuen Beitrag auf Ihrer Website verschicken, ohne dass Sie sich weiter darum kümmern müssen. Hootsuite gibt Ihnen die Möglichkeit, auf die Minute genau zu planen, wann Sie was an Ihr Twitterkonto schicken. Seit es die neueste Tweet-deck-Version gibt, ist das übrigens auch mit dieser Software möglich. Die Gratisversion der mobilen Hootsuite-App unterliegt allerdings ein paar Einschränkungen. Wer auch mobil alle Funktionen von Hootsuite nutzen möchte, muss dafür Geld locker machen.

Wer den Browser Firefox nutzt, kann das Add-on *Echofon* hinzufügen. Damit entgeht Ihnen kein Tweet mehr. Ein Icon rechts unten auf dem Bildschirm gibt Ihnen ein Zeichen, sobald eine neue Nachricht erschienen ist. Ein Mausklick genügt, um den Tweet zu lesen. Außerdem können Sie mit Echofon recht einfach und schnell Tweets verschicken. Echofon ist erhältlich für Windows, Apple und sogar Linux.

Seesmic ist – genau wie Tweetdeck – ein Programm, das nicht nur gut funktioniert, sondern auch noch ein schickes Design hat. Die Software kann, wie Hootsuite, bestens mit mehreren Twitterkonten umgehen. Außerdem haben Sie bei Seesmic die Möglichkeit, Ihr Facebook-Profil einzufügen und dadurch über Seesmic direkt Ihren Facebook-Status zu verändern. Von Seesmic ist, wie von Hootsuite, auch eine webbasierte Version erhältlich, die Sie vom Browser aus bedienen können.

Neben Programmen dieser Art sind im Internet noch unzählige Tools zu finden, die das Twittern leichter oder angenehmer machen. Da ist zum Beispiel die Website `Monitter.com`. Dort können Sie nach Themen suchen und das mit Ihrem Standort verknüpfen. Wenn Sie zum Beispiel »Biergarten« und »Frankfurt« eingeben, erscheint eine Liste mit Tweets aus der betreffenden Region zum Thema.

Ebenfalls einen Besuch wert ist die Website Twazzup.com. Das ist eine Twitter-Suchmaschine mit Ergebnissen in Echtzeit. Das Ganze sieht nicht nur gut aus, es liefert auch jede Menge Informationen.

Eher spaßig als nützlich sind Websites wie Twanalyst.com oder Twitalyzer.com. Sie erklären Ihnen, welcher Twitter-Typ Sie sind. Beide Sites erstellen eine Art Analyse von Ihrem Twitter-Verhalten oder dem anderer Leute. Nicht gerade weltbewegend, aber lustig. *Tweetburner* ist ein URL-Verkürzer wie Bit.ly oder Ow.ly, wobei Tweetburner aber noch Statistiken liefert, wie viele Klicks der Link gebracht hat. Damit wissen Sie genau, ob der Link, der Ihnen so interessant erschien, auch bei anderen Twitterern gut angekommen ist.

Praktisch ist der *Mentionnotifier* (http://bit.ly/qcrBX). Twitterer, die keine Programme wie Tweetdeck oder Hootsuite verwenden, laufen Gefahr, Erwähnungen zu übersehen. Wenn Sie sich bei Mentionnotifier anmelden, erhalten Sie umgehend eine E-Mail, wenn Sie irgendwo erwähnt wurden. So entgeht Ihnen keine Antwort. *Qwitter* schickt Ihnen ebenfalls E-Mails, allerdings mit der traurigen Nachricht, dass jemand beschlossen hat, Ihnen nicht mehr zu folgen.

Sehr praktisch ist Twitterbeep.com. Auf dieser Site können Sie bestimmte Wörter eingeben. Sobald diese Wörter dann auf Twitter erwähnt werden, erhalten Sie eine E-Mail. Das kann recht nützlich sein, wenn Sie nichts verpassen wollen, was über Ihr Unternehmen oder Ihr Produkt gesagt wird.

Manchmal kann es aber auch einfach zu viel werden. Sie haben inzwischen eine Menge Follower und folgen auch selbst vielen anderen. Aber folgt Ihnen dieser spezielle Twitterer seinerseits? Ist es richtig, dass Sie von einem anderen schon so lange nichts mehr gehört haben? Über `http://dossy.org/twitter/karma/` können Sie alles wieder ordentlich sortieren. Wenn Sie sich mit Ihren Twitterdaten einloggen, erhalten Sie einen Überblick über alle Follower und Freunde. So können Sie leicht jemanden entfolgen, der zum Beispiel Ihnen nicht folgt, und Sie sehen sofort, wer schon seit Wochen oder gar Monaten nicht mehr auf sein Twitterkonto geschaut hat. Zum Schluss noch die Website `MyTweet16.com`. Denn aller Anfang ist schwer, für jeden.

Abbildung 8.3: Die ersten 16 Tweets von Volker Beck.

Ein Blick in die Zukunft

In diesem Kapitel
✔ Social Media bis heute
✔ Es geht auch ohne.
✔ Aber nicht so schön wie mit!

In diesem Buch konnten Sie lesen, was Sie mit Social Media alles erreichen können. Sie können Kontakte knüpfen, sei es geschäftlich oder privat, Sie haben eine Menge Möglichkeiten, die es vorher vermutlich nicht gab. Was Sie mit Social Media anfangen, entspricht Ihrem Informationsbedürfnis. Das Bedürfnis hatten Sie früher auch, als es weder Twitter noch Facebook, Google+, LinkedIn und so weiter gab. Trotzdem hatten Sie nichts zu klagen.

Ich kann mir vorstellen, dass Ihnen mitunter ein wenig schwindelig wird, wenn Sie dieses Buch durchblättern. Wenn Sie schon etwas Erfahrung mit Social Media haben, war Ihnen vielleicht nicht alles wirklich neu. Aber wenn Sie mit diesem Buch in der Hand die ersten Schritte in der Social-Media-Welt unternehmen wollen, ist es nicht verwunderlich, wenn das alles Sie ins Wanken bringt. Vielleicht fragen Sie sich, wo es letztendlich hinführen soll.

Wo soll das alles enden?

Diese Frage ist sehr berechtigt. In diesem Zeitalter der Information (oder der Über-Information) werden wir jeden Tag mit Input geradezu überschwemmt. Wir schauen uns Magazinsendungen und Nachrichten an, wir lesen Zeitungen, Zeitschriften und Teletext. In den letzten Jahren sind nun auch noch die Social-Media-Seiten hinzugekommen. Ist das alles nötig?

Wenn ich mich selbst als Beispiel betrachte, ist die Antwort eindeutig Ja. Als Journalist und Nachrichtenjunkie bin ich geradezu süchtig nach Neuigkeiten und lese gern die Meinung eines Kolumnisten via Twitter in seinem Blog, nachdem ich die berichtenswerten Tatsachen über Teletext oder eine Magazinsendung erfahren habe. Mir macht es auch keine Mühe, noch drei weitere Meinungen zu hören. Und dann kann ich über Twitter auch noch lesen, was »der Bürger« von diesem Thema hält. Aber natürlich ist es meine professionelle Neugier, die mich dazu treibt, zu Hause unbedingt noch einmal den Teletext einzuschalten oder über mein Handy ein paar Tweets zu lesen, egal, wie spät es in der Kneipe geworden ist.

Auch meine Facebook-Seite zeigt meinen Hang zu Informationen und mein Bedürfnis, sie großzügig zu verteilen. Außerdem betreibe ich zwei geschäftliche Facebook-Seiten, also ist auch diese Site bei mir entsprechend populär. Mein LinkedIn-Profil ist ebenfalls zu einer unentbehrlichen Informationsquelle geworden. Ich nutze es als Verlängerung meines Twitter-Kontos, indem ich regelmäßig LinkedIn-Anfragen an Menschen schicke, denen ich schon eine Weile auf Twitter folge. Das führt dazu, dass die drei Social-Media-Websites meine Kontaktdatenbank darstellen, sowohl geschäftlich als auch privat.

Früher sah das anders aus. Als ich als junger Journalist bei einer Computer-Fachzeitschrift anfing, hatte nur der Schlussredakteur Zugang zu E-Mail; mein Chefredakteur überließ ihm diesen neumodischen Kram gern. Pressemitteilungen bekamen wir ganz normal im Briefumschlag, versehen mit einem Foto, das die Setzerei erst einmal scannen musste, ehe sie es weiterverarbeiten konnte. Nach Abgabe wischten wir alle einmal mit dem Arm über den Schreibtisch, fegten dabei ein gutes Pfund Altpapier in den entsprechenden Container und machten uns fröhlich an die nächste Ausgabe. Auf dem Schreibtisch stand ein Rolodex oder, bei jüngeren Mitarbeitern wie mir zum Beispiel, ein Plastikkästchen mit Visitenkarten. Wenn ich von jemandem keine Telefonnummer hatte, fragte ich einen Kollegen. Es ist nur die Frage, ob man das will.

 Natürlich kann ich noch mehr Seiten vollschreiben mit fantastischen Erlebnissen, herrlich komischen Momenten und kostbaren Erinnerungen zum Thema Social Media, aber um zu vermeiden, dass Sie in dieser Schwarz-Weiß-Filmatmosphäre in nostalgischen Träumereien versinken, komme ich zum Punkt: Social Media sind vollkommen verzichtbar.

Social Media sind verzichtbar

Früher sind wir ohne sie ausgekommen. Wir gingen in die Kneipe, um mit unseren Freunden zu reden, und wenn sie im Urlaub gewesen waren, brachten sie Fotos mit. Dabei tranken wir ein Bier und fanden das Leben schön. Das ist völlig in Ordnung. Heute betrachte ich die Fotos meiner Freunde auf Facebook und lese in ihrem Status, was sie gerade machen. Und weil einige berufliche Kontakte auch meine Freunde sind, weiß ich viel von ihnen.

Eine wichtige Frage ist, ob diese Entwicklung negativ ist. Meiner Meinung nach nicht, aber – ich wiederhole mich – man sollte sich eben im Internet auch nicht anders verhalten als im echten Leben. Wenn ich früher zu oft und zu lange mit meinen Freunden in der Kneipe herumhing, war an diesem Tag nichts mehr drin in Sachen lernen oder arbeiten. Ich blieb zu lang im Bett, war nicht fit und konnte nicht richtig arbeiten. Diese Gefahr besteht immer noch. Wenn meine Freundin nicht gelegentlich nett, aber nachdrücklich fragen würde, ob ich meinen Laptop nicht vielleicht zuklappen könnte, würde ich mich wahrscheinlich noch viel länger mit Twitter, Facebook oder LinkedIn beschäftigen. Damit ist klar: Bei Social Media heißt es maßhalten.

Es gibt unzählige Beispiele von Menschen, die auf diesem Gebiet keine Grenzen finden. In der Tat gibt es Menschen, die buchstäblich süchtig sind nach wkw oder Facebook. Suchen Sie zum Spaß einmal in einem Zeitungsarchiv nach dem Stichwort Farmville. Dieses Online-Spiel können nur Leute mit Facebook-Konto spielen, und es ist das meistgespielte Online-Spiel der Welt. Es geht dabei darum, einen digitalen Bauernhof zu führen: Der Spieler muss rechtzeitig die Kühe melken und dafür sorgen, dass die Pflanzen nicht vertrocknen. Dabei gibt es Spieler, die sich mitten in der Nacht den Wecker stellen, um auf ihrer Farm eine Arbeit zu erledigen, die gerade anfällt. Das Soziale bei diesem Spiel besteht darin, dass Ihre Facebook-Freunde, auch Ihre Nachbarn, in der Farmville-Landschaft sind.

Dieses Beispiel für Online-Spielsucht ist natürlich ein Extrem. Nicht jeder, der ab und zu einmal daddelt, ist gleich spielsüchtig, ebenso wenig wie jeder Stammgast in der Kneipe Alkoholiker ist. Zwar sollte man in dieser Hinsicht wachsam bleiben, aber das gilt für viele Dinge im Leben.

Damit ich nicht mit dem moralischen Zeigefinger ankomme, wende ich mich wieder der Frage zu, ob die Verschiebung von Offline zu Online eine negative Entwicklung ist. Ich glaube nicht. Online-Netzwerke liefern uns auf einfache Weise alle möglichen Informationen, die wir früher nur mit Mühe finden konnten. Sie steht uns jetzt schneller und leichter zur Verfügung. »Ja und?«, höre ich den zynischen Leser denken. »Warum muss denn alles schneller gehen? Heutzutage muss immer alles noch schneller gehen!« Gut, sagen wir, dass es effizienter geht. Mit diesem Wort gibt es wohl kein Problem. Komfort dient schließlich dem Menschen. Social Media sorgt dafür, dass wir leicht, effizient und wann immer wir wollen bestimmte Informationen zur Verfügung haben, sei es privat oder beruflich und das ist gut so.

> ✔ Aus dem Leben gegriffen
> ✔ Die wirklich wichtigen Dinge
> ✔ Twitter in guten und in schlechten Tagen

Twitter ist ein Ausschnitt aus dem Leben, und darum eignet es sich hervorragend zum Streiten, zum Flirten, zum Lügen und Betrügen und nicht zuletzt für Heiratsanträge. Den Twitterern ist nichts Menschliches fremd. Hier eine kleine Auswahl an Twitter-Abenteuern.

Der Regierungs-Twitterer

Twitter ist keine Einbahnstraße. Das mussten auch Politiker erleben, die einen Wahlkampf über Social Media bestreiten wollten. Im Frühjahr 2011 vollzog die deutsche Bundesregierung eine 180°-Wende in der Atompolitik – nach der Reaktorkatastrophe in Fukushima, vor einem halben Dutzend anstehender Landtagswahlen. Da lag der Gedanke nahe, dass diese Entscheidung vielleicht wahltaktische Gründe haben könnte. Dennoch hinterließ es einen merkwürdigen Eindruck, als Wirtschaftsminister Brüderle genau das bei einem Treffen mit dem Bundesverband der Deutschen Industrie öffentlich äußerte. Seine Aussage wurde zum Anlass eines Twitter-Streits zwischen dem Grünen-Politiker Volker Beck (@Volker_Beck) und Regierungssprecher Steffen Seibert (@RegSprecher). Seibert zog sich gleich nach seiner ersten Antwort aus der Diskussion zurück, was wie ein Sieg der Gegenseite wirkte. Nicht nur deshalb prägte der Schweizer

Satire-Blog Lupe die Wortschöpfung 2011 »etwas verseibert haben = etwas vergeigt, verbockt haben«.

Tumult im Landtag – wegen eines Tweets

Twitter ist öffentlich. Eine unbegrenzte Anzahl von Menschen kann dort nachlesen, was ein anderer mitteilenswert findet. Gerade bei Politikern ist das oft sehr erwünscht. Dennoch kann ein Tweet, der von einem bestimmten Publikum zur falschen Zeit wahrgenommen wird, zu allerlei Aufruhr im echten Leben führen. Im Jahr 2009, als Twitter noch nicht so weit in alle Winkel der Gesellschaft vorgedrungen war, gab der grüne niedersächsische Landtagsabgeordnete Helge Limburg dort bereits seine Meinung kund. Insbesondere mit Kritik an der Regierung ging er großzügig um; nach einer heißen Debatte nannte er Innenminister Schünemann von der CDU in einem Tweet einen »unerträglichen Hetzer«. Das schien vorerst niemanden zu stören, möglicherweise wurde die Nachricht von dem kritisierten Politiker nicht einmal wahrgenommen. Während der Haushaltsdebatte im Dezember jedoch verlas Christian Dürr von der FDP den Tweet vor dem versammelten Landtag. Daraufhin brach ein Tumult aus, wie er auf einem Schulhof kaum schöner sein könnte. Erst der damalige Ministerpräsident Wulff konnte die Kontrahenten wieder zur Räson und die Debatte zu einem geregelten Abschluss bringen. Ja, man kann provokant zugespitzt twittern, aber es muss nicht sein. Und man sollte sich auf Konsequenzen einstellen.

Der Twitterologe

In Großbritannien kam es Ende 2009 zu Differenzen, als sich herausstellte, dass einige britische Minister nach einem Twitter-Spezialisten suchten, der den Kabinettsmitgliedern helfen sollte, den Wählern die Regierungspolitik über Social Media schmackhaft zu machen. Kurz davor hatte es bereits einige Aufregung gegeben, als die Briten einen Director of Digital Engagement ernannten, und ein Senior Communication Advisor bereits ein internes Lehrbuch geschrieben hatte, das den Ministern erklärte, wie sie Twitter effektiv nutzen könnten.

Den Twitterologen, der bei der britischen Regierung anheuerte, erwartete übrigens ein fürstliches Gehalt. Für den Spezialisten waren 75.000 bis 120.000 Pfund vorgesehen. Offensichtlich kein Dummie ...

Beleidigung über Twitter? Böse Folgen!

Dass sich beim Twittern mitunter die Gemüter erhitzen, wurde sicher schon deutlich. Ein Thema, das vor allem im Internet, aber auch auf der Straße schnell zu heftigen Reaktionen führt, ist die Vorratsdatenspeicherung. Die Meinungen dazu gehen stark auseinander. Bei einem Parteitag der FDP im Frühjahr 2010 demonstrierte der Bund deutscher Kriminalbeamter (BDK), um darauf aufmerksam zu machen, dass er in dieser Frage mit der Haltung der Partei nicht übereinstimmt. Daraufhin fühlte sich ein Twitterer berufen, einen Vergleich mit der Gestapo zu ziehen. Der Vorsitzende des BDK stellte Strafanzeige wegen Beleidigung.

Diskutiert wurde in diesem Zusammenhang, ob ein Verband beleidigt werden kann, und wenn ja, ob der beanstandete

Tweet das tut. Einig war man sich dagegen in einem wesentlichen Punkt: Das Medium spielt keine Rolle. Auch Twitterer können für ihre Äußerungen im Netz belangt werden.

Online-Verein

Wo drei Deutsche zusammenkommen, gründen sie einen Verein. Bei Twitter tummeln sich über eine Million Deutsche, und selbstverständlich gibt es (mindestens) einen Verein zum Thema. Der Twittwoch e.V. betreibt eine gleichnamige Website mit dem Ziel, »Unternehmen, deren Mitarbeiter und Selbstständige an Social Media heranzuführen«. Dazu trägt nicht nur die höchst informative Website bei, die neue Tools vorstellt oder Tipps und Tricks im Umgang mit den bereits bekannten weitergibt. Erstaunlich viele Aktivitäten finden offline statt: Regionalgruppen treffen sich, man organisiert Podiumsdiskussionen oder beteiligt sich an politischen und wissenschaftlichen Tagungen. Eher Twittertypisch ist dagegen #schoenesWort. Bei dieser Aktion wurden über 2000 Vorschläge eingesammelt – mit dem oben stehenden Hashtag – und darüber abgestimmt. Der Sieger 2011 ist »Heidschnucke«. Für 2012 ist eine neue Runde geplant.

Twitter bleibt am Ball

Natürlich geht es bei Twitter auch um die wirklich wichtigen Dinge. Während der Fußball-WM 2010 führten anhaltende Tweet-Stürme zum vermehrten Auftauchen des Fail whale. Vereine vom Regionalligisten bis zu Bayern München sammeln ihre Follower und trösten sich mitunter durch Online-Rekorde über weniger erbauliche Ergebnisse auf dem Rasen hinweg. Twitter-Meister 2010 war Werder Bremen. Gerüchte, wer demnächst zu welchem Club wechselt, gehören zum Standardprogramm. Die Sache hat allerdings einen Haken, denn nicht jedes Twitterkonto mit einem bekannten Namen gehört dem Fußballer, der da über einen bevorstehenden Wechsel spekuliert. Ab September 2009 twitterte ein falscher Felix Magath im Namen des damaligen Schalke-Trainers. Mit passendem Bild und Logo stellte er sich über Monate hinweg seinen mehr als 8000 Followern glaubwürdig dar.

Aus dem Krankenwagen

Inzwischen werden allerlei Dinge über Twitter angekündigt. Ob die Neuigkeit nun gut oder schlecht ist, spielt keine Rolle, sie erscheint auf Twitter. Profifußballer haben schon über Twitter mitgeteilt, dass sie in der nächsten Saison den Club wechseln (siehe oben), ebenso meldeten TV-Moderatoren ihre Absicht, zu einem anderen Sender umzuziehen.

Aber es geht noch besser. Mitte Juni 2010 spielte die amerikanische Sängerin Pink mit ihrer Band ein Konzert in Nürnberg. Die Show enthielt jede Menge Spezialeffekte; unter anderem sollte die Sängerin an einer Drahtseilkonstruktion singend über das Publikum schweben. Eine Woche vor dem Auftritt in Nürnberg spielte Pink auf einem belgischen Festival, und alles ging gut. Doch an diesem Abend stimmte offenbar etwas mit der Seilbefestigung nicht. Die Sängerin stürzte gleich zu Beginn der Nummer ab und fiel auf eine Absperrung. Sie kam wieder auf die Beine und versuchte, den Auftritt auf der Bühne zu beenden, aber wenig später war klar, dass ihr nicht viel anderes übrig blieb, als sich ins Krankenhaus zu begeben. Aus dem Krankenwagen teilte die Sängerin mit, wie ärgerlich sie es fand, dass ihr Auftritt so endete. Und dass sie Schmerzen hatte.

> »To all my nurnberg fans- I am so so so sorry to end the show that way. I am embarassed and very sorry. I'm in ambulance now but I will b fine.«

Twitter-Flirts – man kann es auch übertreiben

Einige Kommentatoren sind der Meinung, dass Twitter sich nach und nach zur Flirt-Website der Wahl entwickelt. Die Teilnahme ist kostenlos, Selbstdarstellung verfolgt meistens andere Ziele, als einen Partner an Land zu ziehen. Trotzdem kommen sich manche Twitterer über DN schnell näher.

Doch man kann auch übertreiben. Das musste der US-Kongressabgeordnete Anthony Weiner im Sommer 2011 erfahren. Er hatte einer Twitter-Bekanntschaft recht freizügige Fotos von sich geschickt, auf denen wohl nicht nur sein Oberkörper nackt zu sehen war. Politische Gegner entdeckten die Bilder im Netz und brachten sie an die Öffentlichkeit. Der frisch verheiratete Abgeordnete reagierte zunächst wie ein echter Politiker und dementierte, etwas mit der Sache zu tun zu haben. Das erwies sich leider als unhaltbar, und Weiner musste zurücktreten.

»... so antworte mit – einem Tweet.«

Wenn eingefleischte Social-Media-Nutzer heiraten, kann es vor dem Traualtar zu interessanten Szenen kommen. Im Dezember 2009 heiratete der amerikanische Software-Entwickler Dana Hanna seine Freundin Tracy Page. Immerhin kam das Paar noch dazu, sich das Jawort zu geben. Aber unmittelbar danach zückte der Bräutigam sein Handy, um die Welt mittels Twitter von der Eheschließung zu informieren – und seinen Beziehungsstatus bei Facebook zu ändern. Statt eines Eherings reichte er der Braut ebenfalls ein Mobiltelefon. Sie hatte schließlich auch etwas mitzuteilen. Natürlich ist das Ganze auch auf YouTube zu sehen. Offenbar konnte zumindest die Hochzeitsnacht ohne Live-Berichterstattung auf Twitter vonstatten gehen.

Twedding

Die Geschichte vom Tweet am Traualtar ging online um die Welt und löste Kommentare aus über die seltsamen Amerikaner. Aber auch diesseits des Atlantiks kann Twitter vom Heiratsantrag bis zum Jawort eine bedeutende Rolle spielen. Das niederländische »Twedding«-Paar Jannetta Dorsman (@jandor) und Rene Hoksbergen (@hoks) hat sich auch in der deutschen (Online-)Presse einen Namen gemacht. Die beiden waren gemeinsam bei einem Twitterer-Treffen in Zeist (tweist), als auf der Twitterwall der Veranstaltung mit einem Mal folgender Tweet erschien:

> »Tweet 1000 @jandor willst du mich heiraten #tweist #echt«

Dorsman erholte sich schnell von dem Schreck und reagierte sofort, ebenfalls per Twitter. Wie, ist nicht schwer zu erraten:

> »@hoks JA!!!!! #tweist«

Schnell entstand daraufhin der Begriff *#twedding*. Die Hochzeit der beiden Twitterer ist inzwischen als erste Crowdsourcing-Feier dieser Art bekannt geworden. Das Brautpaar suchte erfolgreich online nach freiwilligen Helfern, die sich mit allerlei Dienstleistungen an diesem Fest beteiligten. Im Oktober 2010 war es so weit, die Trauung konnte per Livestream im Internet verfolgt werden. Ob das tatsächlich der neueste Trend wird, wie manche Kommentatoren vermuten, bleibt noch abzuwarten

Stichwortverzeichnis